Délicieux savons

Délicieux savons

Melinda Coss

ÉDITIONS DU TRÉCARRÉ

Pour Railea qui fait de merveilleuses bulles

Données de catalogage avant publication (Canada)

Coss, Melinda

Délicieux savons

Traduction de : Gourmet soaps made easy.
Comprend des réf. bibliogr. et un index.

ISBN 2-89249-990-9

1. Savon I. Titre

TP991.C67142001 668'.12 C2001-940707-6

L'édition originale de cet ouvrage a paru en anglais sous le titre :
Gourmet Soaps Made Easy, aux éditions New Holland Publishers (UK) Ltd.

Éditeur : Clare Hubbard
Assistant éditeur : Paul McNally
Design : Design Revolution
Photographe : Emma Peios
Styliste : Blackjacks
Production : Hazel Kirkman
Traduction : Stéphanie Lemière
Révision et infographie : L'Aventurine
Infographie : Ateliers de typographie Collette inc.

Nous reconnaissons l'aide financière du gouvernement du Canada par l'entremise du Programme d'aide au développement de l'industrie de l'édition (PADIÉ) pour nos activités d'édition ; du Conseil des Arts du Canada ; de la SODEC ; du gouvernement du Québec par l'entremise du Programme de crédit d'impôt pour l'édition de livres (gestion SODEC).

ISBN 2-89249-990-9

Dépôt légal 2001
Bibliothèque nationale du Québec

Imprimé à Singapour

Éditions du Trécarré
Outremont (Québec) Canada

1 2 3 4 5 05 04 03 02 01

Remerciements
Ce livre est un triomphe contre l'adversité. Depuis le début du projet, j'ai dû faire face à de nombreux obstacles sur le plan personnel tout en assurant le développement de mon entreprise The Handmade Soap Company. Je tiens à remercier Rosemary Wilkinson et Clare Hubbard ainsi que Yvonne McFarlane, qui ont toujours cru à ce livre. Je remercie également la photographe Emma Peios qui a transformé mes savons en œuvres d'art. Enfin, je remercie mes confrères savonniers qui ont généreusement partagé leur savoir-faire ainsi que l'équipe de The Handmade Soap Company pour son soutien.

Tous les renseignements contenus dans ce livre ont été soigneusement vérifiés, et tout a été fait pour être le plus précis possible. L'auteur et l'éditeur ne seront pas tenus pour responsables en cas d'accidents, de dommages ou de pertes qui pourraient survenir en suivant les instructions données dans ce livre, soit pendant, soit après les opérations décrites.

Sommaire

Introduction

Le nombre d'éléments que la fabrication d'un savon fait intervenir est étonnant. Un savon peut être moulé, estampillé, décoré et enveloppé, autant de façons pour vous d'exprimer votre esprit créatif. La fabrication du savon vous fera non seulement profiter de parfums merveilleux mais vous fera également découvrir une palette infinie de couleurs et de textures à partir desquelles vous réaliserez vos propres produits.

Pour ceux qui aiment cuisiner, l'art de fabriquer des savons fera appel à tous vos talents gastronomiques. De plus, vous disposerez certainement déjà de tout l'équipement de cuisine nécessaire, ce qui limitera vos frais. Autre avantage : votre ligne restera intacte ! Vous savourerez et profiterez simplement des bienfaits de votre échantillon de produit fini.

Si vous vous intéressez aux problèmes de santé et d'environnement, vous verrez que fabriquer soi-même son savon offre la possibilité de contrôler les substances que vous appliquerez par la suite sur votre peau. Vous délaisserez tous ces détergents qui nous sont actuellement présentés sous forme de véritables « savons ». Les recettes de ce livre ne contiennent aucun conservateur chimique et vous laissent le choix d'utiliser pigments cosmétiques et parfums de synthèse ou colorants et huiles essentielles naturels. Il est tout à fait possible de fabriquer un savon magnifique avec des ingrédients entièrement naturels et de le conserver en parfait état.

Si l'alchimie vous passionne, réjouissez-vous. L'art de la saponification est hautement imprévisible et le chimiste qui est en vous, passera des heures, voire des semaines, à tenter de sonder formes étranges, changements de couleurs étonnants et textures inattendues. Vous apprendrez qu'une même recette réalisée par temps humide ne donnera pas du tout le même résultat par temps sec. Ne cherchez pas la perfection, jouez simplement avec l'imprévu. Le moins que l'on puisse dire, c'est que l'expérience est prenante !

La fabrication du savon fait partie d'un nombre limité d'arts qui se pratiquent sans discrimination d'âge ni de sexe. En revanche, tous les savons d'empâtage à froid étant fabriqués à partir de soude caustique, cette méthode de saponification ne doit pas être considérée comme un passe-temps pour des enfants laissés sans surveillance.

Les enfants peuvent toutefois exercer leur créativité lors de la fabrication de savons selon le procédé de fonte car cette méthode ne fait pas appel à la soude caustique. Les enfants peuvent ainsi s'amuser à mélanger colorants et parfums à la base de savon glycériné. J'ai justement inclus un choix de recettes adaptées selon ce procédé pour alimenter votre imagination.

Depuis la réalisation du livre *Le Savon, l'atelier,* j'ai fait de nombreuses autres découvertes et trouvé de meilleures façons de procéder. Pour ceux d'entre vous qui possèdent ce livre, certaines des informations fournies ici sembleront peut-être contradictoires mais la fabrication du savon est une aventure extraordinaire où l'on apprend chaque jour au fil des recettes.

Il existe également aujourd'hui de nombreux savonniers associés avec qui vous pouvez partager vos découvertes. Pour plus d'informations, consultez la liste des fournisseurs et les adresses internet, à la fin de l'ouvrage (page 79).

Malheureusement, la fabrication du savon ne permet pas de fonder aisément sa petite entreprise. La vente de savon est très réglementée et l'investissement considérable; j'aborde ce sujet page 77-78. Profitez de vos savons, offrez-les, mais n'essayez pas de les vendre sans avoir sérieusement considéré l'ensemble des conditions légales.

Joyeuses bulles !
Melinda

À propos du savon

Le savon est le résultat magique du mélange d'un acide avec un alcali caustique. Autrefois, l'alcali (ou soude) était fabriqué en filtrant de l'eau à travers des cendres de bois dur. Aujourd'hui, la plupart des méthodes de fabrication utilisent de l'hydroxyde de sodium (soude caustique) comme alcali, et des graisses et des huiles végétales ou animales comme acide. Vous trouverez de la soude caustique dans les quincailleries ou les magasins de bricolage, mais veillez à ce qu'elle soit pure au moins à 95 % avant de l'acheter.

La plupart des huiles et des graisses peuvent servir d'acide mais chacune nécessite une quantité spécifique d'alcali pour produire du savon (voir tableau page 19). Vous devrez vous s'assurer que les proportions des ingrédients sont correctes afin d'obtenir un savon fin, ni caustique ni gras, qui possède les vertus hydratantes, nourrissantes ou moussantes que vous souhaitez retrouver dans votre savon. Vous trouverez des informations sur la façon de sélectionner vos huiles à la page 15.

L'eau est le troisième ingrédient fondamental entrant dans la fabrication du savon. Son rôle principal est de dissoudre l'hydroxyde de sodium (soude caustique) pour que ce dernier puisse à son tour transformer les matières grasses en savon. La quantité d'eau utilisée n'est pas fondamentale en elle-même mais, pour que la réaction de saponification ait lieu et que le savon obtenu ne soit pas trop tendre, comptez environ une part d'eau pour trois parts de matières grasses. La qualité de l'eau que vous utilisez est très importante : celle-ci doit être douce et pure. L'eau distillée en bouteille constitue un bon choix mais vous pouvez aussi utiliser de l'eau de pluie à condition de la filtrer préalablement pour éliminer tout résidu naturel.

De nombreux savonniers préfèrent remplacer l'eau par du lait de chèvre. Cependant, au cours du processus de saponification, le lait peut cailler et prendre une vilaine couleur jaune. Le mélange dégage également une forte odeur d'ammoniaque passagère. Mais l'ajout de lait de chèvre produit un savon tellement crémeux que cela vaut bien les quelques désagréments du début. J'ai moi-même déjà obtenu de très bons résultats en utilisant moitié eau moitié lait de chèvre.

La saponification

Lorsque l'alcali est dilué dans le liquide choisi puis ajouté à l'acide, une réaction appelée « saponification » se produit. À ce stade de la fabrication, l'alcali est sur le point d'être neutralisé et, après séchage pendant plusieurs semaines, il ne doit plus en rester aucune trace. Le savon est donc fabriqué à partir d'hydroxyde de sodium (soude caustique) mais il n'en contient plus à l'arrivée.

La saponification est une étape facile à reconnaître mais le temps qu'elle met à se déclencher dépend d'un grand nombre de facteurs dont notamment la température de votre mélange, les conditions météorologiques, la teneur en eau et les méthodes de mélange que vous utilisez. Les matières grasses spécifiques employées (voir Huiles et additifs, page 15) jouent également un rôle important. Tous ces éléments font partie des merveilleux impondérables propres à la fabrication du savon. La leçon à retenir est qu'il faut faire preuve de patience.

La trace

Lorsque la saponification se produit, votre savon épaissit peu à peu pour atteindre le stade de ce que les savonniers appellent la « trace ». Pour savoir si vous avez atteint ce stade, prélevez une cuillerée de pâte et reversez-la goutte à goutte au-dessus de votre mélange. Si les gouttes déposées à la surface du mélange forment un relief, vous y êtes. Il suffit parfois de cinq minutes mais ne vous inquiétez pas si cela prend plusieurs heures. À moins que vous n'ayez commis une grosse erreur de dosage, votre pâte finira par épaissir.

Les colorants, les parfums et les éléments de décor sont ajoutés au mélange à l'apparition de la trace. La pâte est alors versée dans des moules et recouverte d'une couverture pour la laisser reposer.

Poids et mesures

La réussite de votre préparation repose avant tout sur un facteur essentiel : la bonne proportion des ingrédients. Si vous souhaitez ajouter ou modifier des ingrédients, reportez-vous au tableau de saponification de la page 19 pour savoir comment procéder.

La majorité des recettes de ce livre vous donneront approximativement un kilogramme de savon. En fonction des moules que vous choisirez, vous obtiendrez entre 10 et 14 savons de taille moyenne.

Vous remarquerez que toutes les quantités indiquées dans les recettes sont exprimées en grammes ou kilogrammes, à l'exception des cuillerées, pincées, gouttes et millilitres. Tous les ingrédients doivent donc être pesés, y compris l'eau. Pour ce faire, choisissez un récipient vide approprié, posez-le sur votre balance et ramenez le compteur à zéro. Versez ensuite vos ingrédients un à un dans le récipient jusqu'à ce que le poids souhaité s'affiche.

Astuces

Il existe différents moyens de réduire le temps d'apparition de la trace. Vous pouvez en effet accélérer le processus de saponification en battant votre préparation à l'aide d'un fouet manuel ou électrique.

Une autre façon d'accélérer le processus de saponification consiste à placer votre casserole dans un four préalablement chauffé (au minimum), bien que je préfère personnellement la vieille méthode traditionnelle consistant à remuer de temps en temps. De cette façon, vous ne risquez pas de manquer l'apparition de la trace ni de retrouver votre pâte solidifiée dans le fond de votre casserole.

Temps de prise

Les temps de prise dépendent eux aussi de nombreux facteurs (ingrédients, température de la pièce, etc.) mais, en moyenne, votre savon devrait être suffisamment dur en 24 ou 48 heures. Les savons à base d'huiles d'olive et de tournesol mettent plus de temps à durcir que ceux à base de graisses végétales. Il est important de les retirer du moule dès que le savon a la consistance d'un fromage dur. Vous pourrez alors facilement le couper en savonnettes. Les savons à base de graisses animales sont généralement plus durs.

Séchage

Une fois votre savon découpé, entreposez-le dans une pièce bien ventilée et recouvrez-le à l'aide d'une couverture pour prolonger le temps de séchage. Au cours de ce processus, tout résidu d'hydroxyde de sodium (soude) est neutralisé. Ce phénomène peut se traduire par une modification de l'aspect du savon.

La première chose que vous remarquerez, c'est cette fine pellicule blanche, voire une croûte, à la surface du savon. Il s'agit de cendre de soude, que vous pourrez

Ci-contre : L'usage d'eau distillée garantira la pureté de votre savon. L'eau peut cependant être remplacée par du lait de chèvre pour obtenir un savon crémeux.

gratter ou même laver une fois la période de séchage terminée. Certains savonniers pensent que la formation de cette cendre peut être limitée en recouvrant la surface du savon de film alimentaire immédiatement après l'avoir versé dans le moule. Quoi qu'il en soit, les traces éventuelles de cendre de soude s'éliminent facilement.

Vous remarquerez également que le savon se rétracte au cours du séchage. Par conséquent, il est préférable de ne pas attacher de bandelettes de papier avant que le savon soit complètement stabilisé. Certains colorants peuvent également perdre leur couleur. Pour limiter le phénomène, retournez le savon régulièrement afin que toutes les faces soient exposées de façon égale à la lumière tout au long du processus de séchage.

Deux procédés de fabrication sont abordés dans ce livre : tout d'abord, la méthode « à froid », technique traditionnelle qui garantit la présence de glycérine dans le produit fini. Dans les méthodes de fabrication industrielle, ce précieux sous-produit, issu du processus de saponification, est souvent extrait puis revendu séparément. En réalité, de nombreux savons industriels résultent d'un assemblage de détergents, d'agents émulsionnants, de surfactifs et de conservateurs chimiques.

La seconde méthode vous est ensuite présentée : il s'agit du procédé de fonte. On utilise ici une base de savon glycériné prête à l'emploi qui rend la fabrication des savons très facile et rapide.

La plupart d'entre vous s'intéresseront particulièrement à la notion de pH. Le pH permet de contrôler l'acidité d'un produit. La plupart des savons épaissis à froid ont un pH avoisinant 9 ou 10, mais les fabricants veillent à ramener celui-ci à 7 ou 8 (juste au-dessus du pH neutre). Le pH de votre savon diminuera au cours du séchage mais il reste très difficile à contrôler sans recours à des produits chimiques agressifs dont l'effet sur votre peau s'avérera plus néfaste qu'un savon de pH élevé.

L'ajout d'acide citrique dilué ou de vinaigre au moment de l'obtention de la trace fera diminuer le pH

Ci-contre : Vous pouvez utiliser du papier réactif pour vérifier le pH de votre savon. La tendance alcaline du savon peut être compensée en ajoutant un acide.

de votre savon. Pour ce qui est des quantités requises, seuls vos différents essais et vos erreurs vous permettront d'établir des proportions exactes. Une solution plus simple consiste à « surgraisser » votre savon en ajoutant jusqu'à 5 % de graisses des quantités indiquées pour la saponification, ou bien à réduire les quantités d'hydroxyde de sodium. Tous les ingrédients des savons présentés dans ce livre sont doux et non-irritants. Si vous tenez cependant à vérifier le pH de votre savon, vous trouverez des papiers réactifs chez les marchands de fournitures aquacoles, de fournitures scolaires ou auprès de laboratoires chimiques. Si vous obtenez un pH supérieur à 10, ne jetez pas votre savon ; utilisez-le pour la lessive ou recyclez-le (voir page 26).

Résolution des problèmes

La fabrication du savon n'est pas une science exacte et, bien que toutes les recettes présentées dans ce livre aient été testées et approuvées, certaines réactions inattendues peuvent se produire. Neuf fois sur dix, les ratages sont dus à des dosages imprécis. La méthode est pourtant simple. Soyez donc très attentifs.
Vous trouverez ci-dessous une liste de problèmes fréquemment rencontrés suivis d'instructions destinées à les résoudre.

1. Formation de grumeaux : s'il vous est déjà arrivé de verser du lait aigre dans votre café, vous saurez reconnaître l'aspect de ce type de grumeaux. Ce phénomène arrive fréquemment avec les savons qui contiennent du lait, mais vous pouvez battre la pâte et retrouver une texture lisse. Travaillez la pâte rapidement au batteur électrique. Préparez-vous à verser très tôt la pâte dans un moule car cette opération accélère considérablement l'apparition de la trace. Les grumeaux apparaissent parfois lorsque graisses et hydroxyde de sodium (soude) sont mélangés à très haute température.

2. Adhérence : il arrive que la pâte durcisse au fond de la casserole. Les huiles parfumées ou essentielles sont souvent à l'origine de cette réaction. Versez immédiatement la pâte dans un moule (ou prélevez-la à l'aide d'une cuillère) et lissez la surface le plus possible. Votre savon ne sera pas aussi joli que prévu mais vous pourrez l'utiliser en toute sécurité.

3. Savon friable : ce phénomène peut résulter d'un manque d'eau. Vous aurez du mal à couper votre produit fini sans le briser. Le savon peut également s'avérer irritant. Il est donc recommandé de le recuire (voir page 26) ou de le râper pour l'utiliser pour la lessive.

4. Séparation : ce phénomène apparaît une fois que la pâte a été versée dans le moule. Une couche assez importante d'huile ou de graisse apparaît en surface. Si cette couche est mince, elle provient certainement d'une réaction des huiles essentielles et sera réabsorbée lors du séchage. En revanche, si la couche est épaisse, cela signifie que votre savon est caustique et qu'il est préférable de le jeter. Ce phénomène résulte certainement d'un excès d'hydroxyde de sodium (soude) dans le mélange initial.

5. Absence de trace : votre savon peut mettre des heures à atteindre le stade de la trace. Si vous avez la certitude d'avoir correctement dosé vos ingrédients, ne vous inquiétez pas. Prolongez la cuisson aussi longtemps que nécessaire en remuant fréquemment puis versez-la pâte dans le moule. La saponification finira bien par se produire.

6. Savon mou après plusieurs jours : certains assemblages d'huiles (en particulier de tournesol et d'olive) mettent beaucoup de temps à durcir. Un excès d'eau ou un manque d'hydroxyde de sodium (soude) peut retarder le temps de prise du savon et être ainsi à l'origine de ce phénomène. Laissez le savon dans le moule et en principe, s'il finit par durcir, vous pourrez vous en servir.

7. Petits morceaux blancs à l'intérieur du savon : ils résultent d'un excès d'hydroxyde de sodium (soude) ou d'un brassage inapproprié. Ces grains blancs étant caustiques, vous devrez jeter votre savon.

8. Petites bulles de liquide emprisonnées dans un savon dur : ce phénomène est également dû à une quantité excessive d'hydroxyde de sodium (soude) ou d'un brassage inapproprié. Le liquide contenu dans les bulles étant caustique, jetez votre savon.

9. Le savon s'est transformé en gelée : ce problème semble grave mais certains savonniers préfèrent que leur savon prenne la forme d'un gel car le produit fini est ensuite plus dur. L'origine de ce phénomène est incertaine. Ce phénomène est également plus fréquent lorsque l'on produit de grandes quantités de savon.

10. Savon impossible à démouler : placez-le au réfrigérateur pendant une heure environ et essayez de nouveau. Il ne faut pas oublier de graisser votre moule.

11. Pellicule blanche à la surface du savon : ce phénomène est très courant et ne présente absolument aucun danger. Grattez ou lavez le savon avant de l'envelopper. La formation de cette pellicule peut être limitée en recouvrant la surface de votre savon à l'aide de film alimentaire immédiatement après l'avoir versé dans le moule.

Matériaux et équipement

L'essentiel du matériel nécessaire à la fabrication de savon épaissi à froid se trouve déjà dans vos tiroirs de cuisine. Le matériel nécessaire au procédé de fonte est plus limité. Inutile d'investir dans des casseroles et autres ustensiles de cuisine spéciaux pour exercer votre nouvelle passion. L'essentiel est de bien nettoyer votre matériel après utilisation avec du liquide vaisselle.

Voici l'équipement dont vous aurez besoin :

Deux grandes casseroles
La première, utilisée pour préparer le savon doit être en inox ou en émail non ébréché. N'utilisez pas de fer ni d'aluminium car ces matériaux seraient attaqués par la soude caustique. Le procédé de fonte requiert un bain-marie pour lequel vous pouvez utiliser des casseroles qui ne doivent pas nécessairement être en inox.

Un verre gradué en plastique ou en pyrex
Vous l'utiliserez pour mesurer l'eau et dissoudre l'hydroxyde de sodium. Dans le procédé de fonte, c'est dans ce récipient que vous placez votre base de savon glycériné que vous versez ensuite dans votre casserole.

Deux spatules en plastique
Vous les utiliserez pour mélanger l'hydroxyde de sodium (soude) à votre pâte et pour gratter les bords de votre casserole après cuisson.

Une louche en inox
Si vous préparez de grandes casseroles de savon, il sera plus facile d'utiliser une louche pour verser la préparation dans les moules.

Des thermomètres de cuisson
Il vous en faudra deux pour la méthode à froid et un pour le procédé de fonte. Choisissez des thermomètres en verre et assurez-vous qu'ils enregistrent des températures comprises entre 38 °C et 93 °C.

Des balances de cuisine
Des balances ordinaires conviennent parfaitement mais si vous devez vous en procurer, investissez dans des modèles qui se remettent à zéro manuellement. Les pèse-lettres sont particulièrement utiles pour mesurer la soude. Si votre savon est destiné à la vente, il devra être estampillé de façon appropriée et vous devrez utiliser des balances à usage commercial.

Des moules
Vous utiliserez des récipients en plastique en guise de moules.

De la graisse végétale
Vous utiliserez de la graisse végétale pour graisser les moules (pour la méthode à froid uniquement).

Un couteau tranchant ou un fil à couper le beurre
Vous l'utiliserez pour découper votre pain de savon en savonnettes.

Un économe ou un couteau à fromage
Vous utiliserez l'un de ces ustensiles pour ébarber le savon.

Des gants en caoutchouc
Ils protégeront vos mains lors de la manipulation de la soude.

Des lunettes de protection
Portez toujours une grande paire de lunettes ou des lunettes de protection en plastique. Vous en trouverez dans la plupart des magasins de bricolage (pour la méthode à froid uniquement).

De vieilles couvertures ou serviettes
Elles serviront à isoler le produit fini (pour la méthode à froid uniquement).

Une râpe à fromage ou un robot ménager
Vous aurez besoin d'une râpe à fromage manuelle ou d'un robot électrique pour recuire votre savon (pour la méthode à froid uniquement).

Des éponges ou des torchons
Ces accessoires seront nécessaires pour essuyer les éclaboussures de savon.

De l'hydroxyde de sodium (soude caustique)
Vous en trouverez dans les magasins de bricolage, en pharmacie ou dans une quincaillerie. Assurez-vous que la marque que vous achetez contient au moins 95 % d'hydroxyde de sodium. Conservez l'hydroxyde de sodium dans un récipient étanche et manipulez-le avec une extrême précaution.

Un compte-gouttes (facultatif)
Vous pouvez utiliser cet ustensile pour ajouter les gouttes de pigments dilués.

Mesurettes et verres gradués
Un assortiment de mesurettes et de verres doseurs sera nécessaire pour ajouter colorants et autres additifs à la préparation.

Des baguettes, des brochettes ou des cure-dents en bois
Vous utiliserez l'un de ces ustensiles pour mélanger les couleurs.

Du vinaigre
En cas d'accident, le vinaigre neutralisera l'hydroxyde de sodium (pour la méthode à froid uniquement).

Du film alimentaire
Il vous servira à recouvrir la pâte après l'avoir versée dans le moule.

Les moules

Votre savon peut prendre toutes les formes et les tailles possibles et vous vous surprendrez vous-même à rassembler toutes sortes de moules insolites.
Si vous fabriquez votre savon en suivant le procédé de fonte, vous pouvez utiliser n'importe quel type de moule. En revanche, si vous optez pour la méthode à froid, prenez soin d'éviter les métaux (autres que l'inox) : au moment où vous versez la pâte dans le moule, celle-ci est encore caustique et peut sérieusement attaquer le métal.
Il existe de nombreux moules à savon sur mesure dans le commerce. Vous trouverez des formes stylisées individuelles mais également des assortiments qui vous permettront de créer un ensemble de savons en forme de cœur, par exemple. Certains moules en bois spécialement conçus pour la fabrication du savon sont dotés de compartiments, ce qui évite d'avoir à découper le savon ; d'autres possèdent des bords rabattables permettant de démouler le savon plus facilement.
Une liste de fournisseurs est répertoriée à la fin de ce livre, mais vous pouvez déjà vous procurer les éléments suivants :

1. des emballages alimentaires en plastique (barquettes transparentes pour fruits, légumes, viande ou biscuits).
2. des moules à gelée et bacs à glace pour les savons spéciaux.
3. des boîtes en carton ou en bois tapissées de sac poubelle ou de film alimentaire.
4. des compartiments de tiroirs.
5. des récipients alimentaires hermétiques en plastique.
6. des tubes en plastique.

Vous pouvez également verser votre savon dans des lèchefrites puis découper des formes à l'aide d'un emporte-pièce.

La sécurité avant tout

Vous n'y échapperez pas car la méthode de fabrication à froid fait appel à une substance dangereuse : l'hydroxyde de sodium (soude caustique). Un seul granule peut gravement brûler la peau et causer la mort s'il est avalé. Cependant, si vous respectez les règles suivantes et que vous faites preuve de bon sens, tout se passera bien.

1. Entreposez l'hydroxyde de sodium dans un récipient hermétique clairement étiqueté que vous disposerez sur une étagère haute.
2. Portez systématiquement des gants en caoutchouc lorsque vous manipulez l'hydroxyde de sodium, que vous mélangez le savon et que vous démoulez le savon frais.
3. Ajoutez toujours l'hydroxyde de sodium à l'eau et non l'inverse. Des vapeurs toxiques se dégageront du récipient. Par conséquent, travaillez toujours dans une pièce bien aérée et tenez-vous à l'écart des émanations. Un conseil : portez un masque ou couvrez-vous le visage à l'aide d'un foulard. N'ayez crainte, ces émanations ne durent que quelques instants.
4. Portez de grandes lunettes ou des lunettes de protection lorsque vous manipulez ou mélangez l'hydroxyde de sodium.
5. Ne vous frottez pas les yeux. En cas de contact avec les yeux, rincez abondamment à l'eau froide et rendez-vous immédiatement au service des urgences le plus proche.
6. Ne laissez pas votre casserole de savon, et à plus forte raison votre solution de soude caustique, sans surveillance, ni à portée d'enfants ou d'animaux domestiques.
7. Lorsque vous fabriquez votre savon, gardez une bouteille de vinaigre à portée de mains. En cas d'éclaboussures, versez immédiatement du vinaigre sur les zones atteintes et rincez à l'eau claire.
8. Pour nettoyer votre casserole de savon, laissez les résidus durcir, grattez-les puis jetez-les dans un sac en plastique soigneusement refermé. Ajoutez du vinaigre à votre eau de vaisselle et nettoyez vos ustensiles normalement avec du liquide vaisselle sans oublier d'enfiler une paire de gants en caoutchouc.

La découpe du savon

Si vous avez disposé votre pâte de savon dans une lèchefrite, vous pouvez la découper à l'aide d'un fil à couper le beurre ou de la lame d'un couteau sans dents. Avant de procéder à la découpe, faites des rainures à la surface du savon pour déterminer la taille de vos savonnettes. Couper votre savon en maintenant votre couteau bien droit puis lissez les angles et les surfaces irrégulières à l'aide d'un couteau économe.

Huiles et additifs

Les huiles résultent d'un mélange de plusieurs acides gras, chacun apportant ses propres caractéristiques au savon. Par exemple, l'huile d'olive contient entre 63% et 81% d'acide oléique, substance qui nourrit la peau. L'acide palmitique (présent dans l'huile de palme) produit un savon dur mais qui mousse peu, tandis que l'huile de coco contient une grande proportion d'acide laurique, substance qui entraîne la formation de nombreuses bulles légères. Un mélange de ces trois huiles donnera par conséquent un savon dur et nourrissant produisant une mousse riche et crémeuse. Vous trouverez ci-après un tableau réalisé par Kathy Miller avec la collaboration de nombreux savonniers. Kathy a répertorié les pourcentages et les qualités des acides gras contenus dans une grande variété d'huiles. Lorsque la fabrication maison du savon sera devenue votre véritable passion, ce tableau vous aidera à réaliser des savons uniques.

Le surgraissage

Si vous souhaitez retrouver de petites quantités d'huiles précieuses dans votre savon et éviter qu'elles soient saponifiées, vous pouvez généralement ajouter jusqu'à 5 % d'huiles supplémentaires à votre préparation. Cette opération ne présente aucun risque de rancissement. Vous pouvez faire votre calcul de différentes façons. Une méthode consiste à ajouter les huiles précieuses à la préparation après apparition de la trace. Vous pouvez aussi ajouter votre supplément d'huile aux huiles de base de votre préparation ou calculer la quantité d'hydroxyde de sodium nécessaire pour l'ensemble du mélange (y compris le supplément d'huile) et réduire la quantité de 5 %. Dans la méthode du surgraissage, il est conseillé d'incorporer de petites quantités d'huile de vitamine E ou de benjoin pour leurs vertus anti-oxydantes naturelles.

Additifs

En complément des huiles précieuses, de nombreux additifs pourront modifier la texture de votre savon et lui apporter diverses propriétés. Si vous souhaitez agrémenter votre préparation d'herbes fraîches ou de fruits et de légumes, faites-les tremper dans de la glycérine au moins 24 heures avant de les utiliser puis ajoutez 1 cuillère à café d'huile de vitamine E pour 454 g de préparation afin d'empêcher toute oxydation. Vous pouvez remplacer l'huile de vitamine E par la même quantité d'extrait de pépins de pamplemousse, d'huile de carotte, d'huile de germe de blé ou de benjoin. Tous ces additifs possèdent des propriétés anti-oxydantes naturelles.
Voici quelques ingrédients supplémentaires autour desquels vous pourrez vous amuser :

Amandes en poudre : les amandes possèdent des propriétés exfoliantes. Elles sont excellentes pour nettoyer les pores de la peau en profondeur. 1 cuillère à café pour 454 g de préparation suffisent pour rendre votre peau douce comme de la soie sans laisser de film gras. Notez que certaines personnes peuvent être allergiques aux amandes.

Gel d'aloès : extrait de la feuille d'un cactus, ce gel aux propriétés cicatrisantes et calmantes convient aux peaux sèches et déshydratées et apaise l'eczéma et les brûlures.

Abricots : vous pouvez ajouter de la pulpe d'abricots secs ou frais à votre préparation. Riches en vitamines et minéraux, les abricots adoucissent la peau. L'huile de noyaux d'abricots est également riche en vitamines et minéraux et possède des propriétés adoucissantes.

Cire d'abeille : blanche ou dorée, la cire d'abeille est couramment utilisée comme émulsifiant. Elle donne au savon une merveilleuse texture cireuse et une odeur de miel. Elle accélérera l'apparition de la trace et solidifiera votre savon. Ajoutez 28 g de cire pour 454 g de préparation.

Benjoin : disponible en poudre ou liquide, le benjoin possède des propriétés anti-oxydantes naturelles et sert de stabilisant pour les parfums.

Borax : ce minerai augmente le pouvoir nettoyant du savon, adoucit l'eau et possède également des propriétés désinfectantes. N'ajoutez pas plus de 1 cuillère à café de borax en poudre pour 454 g de préparation. Au-delà de cette dose, vous risquez d'avoir des problèmes de texture.

Propriétés des huiles

ACIDES GRAS	**Laurique**	**Linoléique**	**Myristique**	**Oléique**	**Palmitique**	**Ricinoléique**	**Stéarique**	**Iode**
PROPRIÉTÉS :	savon dur nettoyant mousse légère	nourrissant	savon dur nettoyant mousse légère	nourrissant	savon dur mousse stable	nourrissant mousse légère et stable	savon dur mousse stable	savon plus dur
HUILES :								
Amandes douces		8 – 28 %		64 – 82 %	6 – 8 %			93 - 106
Avocat		6 – 18 %		36 – 80 %	7 – 32 %		1,5 %	80 - 95
Beurre de cacao		3 %		34 - 36 %	25 - 30 %		31 - 35 %	
Beurre de karité		3 - 8 %		40 – 45 %	3 – 7 %		31 - 45 %	55 - 71
Colza		15 %		32 %	1 %			105 - 120
Carthame		70 – 80 %		10 - 20 %	6 – 7 %			86 - 119
Chanvre		57 %		12 %	6 %		2 %	166,5
Coco	39 - 54 %	1 - 2 %	15 - 23 %	4 - 11 %	6 – 11 %		1 - 4 %	< 10
Graines de coton		25 %		18 %	13 %		13 %	80
Emeu		14 %	0,4 %	50 %	21 %		9 %	75
Germe de blé		55 - 60 %		13 - 21 %	13 - 20 %		2 %	125 - 135
Jojoba				10 -13 %				80 - 85
Lin		7 – 19 %		14 – 39 %	4 – 9 %		2 – 4 %	105 – 115
Macadamia		1 - 3 %		54 – 63 %	7 – 10 %		2 – 6 %	73 - 79
Maïs		45 – 56 %		28 – 37 %	12 – 14 %		2 – 3 %	103 - 130
Mangue		1 - 13 %		34 - 56 %	3 - 18 %		26 - 57 %	55 - 65
Noisette		7 - 11 %		65 – 85 %	4 - 6 %		1 - 4 %	90 – 103
Noix de kukui		42 %		20 %	6 %			155 – 175
Noyaux d'abricots		20 - 34 %		58 - 74 %	4 - 7 %			92 - 108
Noyaux de pêches		15 – 35 %		55 – 75 %	5 – 8 %			108 - 118
Olive		5 – 15 %		63 – 81 %	7 – 14 %		3 – 5 %	79 – 95
Ricin		3 – 4 %		3 – 4 %		90 %		82 – 90
Palme		9 – 11 %		38 – 40 %	43 – 45 %		4 – 5 %	45 – 57
Palmiste	47 %		14 %	18 %	9 %			37
Pépins de raisin		58 - 78 %		12 - 28 %	5 - 11 %		3 - 6 %	125 - 142
Saindoux		6 %	1 %	46 %	28 %		13 %	43 - 45
Sésame		39 – 47 %		37 – 42 %	8– 11 %		4 – 6 %	105 – 115
Soja		46 – 53 %		21 – 27 %	9 – 12 %		4 - 6 %	124 – 132
Son de riz		32– 47 %		32 – 38 %	13 – 23 %		2 – 3 %	105 – 115
Suif		2 – 3 %	3 - 6 %	37 – 43 %	24 – 32 %		20 – 25 %	43 – 45
Tournesol		70 %		16 %	7 %		4 %	119 – 138

Son : il s'agit de l'enveloppe des graines. Le son apportera texture et volume à votre savon. Il possède des propriétés exfoliantes naturelles provenant de ses caractéristiques abrasives douces. Ajoutez environ 2 cuillères à soupe pour 454 g de préparation.

Carottes : également disponibles sous forme d'huile essentielle, les carottes peuvent être mixées puis directement ajoutées à votre préparation. Riches en vitamines C et A, les carottes sont particulièrement recommandées aux peaux sèches et déshydratées. Elles donneront également une jolie couleur orange à votre savon.

Argile : elle peut être rose, blanche, rouge, grise, jaune ou verte. L'argile élimine les toxines et les impuretés de la peau et donne à votre savon un bel aspect lisse. Elle n'est pas recommandée pour les peaux sèches. Utilisez environ 1 cuillère à soupe d'eau pour 454 g de préparation et rajoutez 100 ml d'eau supplémentaire. Mélangez vos huiles essentielles ou parfumées avec 1 cuillère à café d'argile puis ajoutez le tout à votre préparation. Cette opération favorise la stabilisation des parfums en suspension dans la préparation.

Café : des grains de café frais, finement moulus, sont particulièrement utiles pour éliminer les odeurs d'oignon ou d'ail sur les mains. Ajoutez environ 50 g de marc de café pour 454 g de préparation.

Semoule de maïs : jaune ou blanche, la semoule de maïs donnera du volume à votre pâte. De plus, ses propriétés exfoliantes sont recommandées pour les peaux grasses. Ajoutez 15 ml pour 454 g de préparation.

Concombre : souvent utilisé pour les soins du visage, le concombre possède des vertus astringentes et un pouvoir nettoyant. Mixez le concombre et mélangez-le à 1 cuillère à café d'huile de vitamine E pour 454 g de préparation afin d'éviter toute oxydation.

Pétales de fleurs : vous pouvez moudre des pétales de fleurs séchées et les ajouter à votre préparation à l'apparition de la trace. La rose et la lavande ont des vertus astringentes tandis que le calendula (souci) est recommandé pour les peaux rugueuses ou gercées. Utilisez environ 2 cuillères à soupe pour 454 g de préparation.

Huile d'onagre : recommandée pour soigner l'eczéma, l'huile d'onagre prévient également le vieillissement prématuré de la peau.

Glycérine : ce liquide sirupeux transparent est produit naturellement lors de la fabrication de savons épaissis à froid. Vous pouvez rajouter de la glycérine à votre préparation pour accroître les propriétés hydratantes de votre savon.

Extrait de pépins de pamplemousse : ce précieux anti-oxydant possède des propriétés antibactériennes et désodorisantes. Ajoutez 1 cuillère à café pour un mélange d'1 kg d'huiles pour accélérer l'apparition de la trace.

Noisettes en poudre : voir Amandes en poudre.

Herbes séchées : il est recommandé d'ajouter 30 ml (2 cuillères à soupe) d'herbes pour 454 g de préparation. Les herbes séchées apportent non seulement de la texture et une note champêtre à votre savon mais elles possèdent également leurs propres vertus thérapeutiques. Vous pouvez aussi faire infuser des herbes fraîches dans votre huile de base pour obtenir un parfum naturel.

Miel : le miel possède d'excellentes propriétés émollientes. Pour un résultat optimal, faites-le chauffer avant de l'ajouter à votre préparation et mélangez soigneusement. Associez-le à la cire d'abeille ou au beurre de karité car, utilisé seul, le miel a tendance à ramollir le savon.

Huile de jojoba : extraordinaire pour les préparations de shampoings, l'huile de jojoba possède à la fois des propriétés hydratantes et humectantes.

Lanoline : cette cire extraite de la laine de mouton possède d'excellentes propriétés adoucissantes. Notez cependant que certaines personnes peuvent être allergiques à la lanoline.

Citrons et oranges : les zestes d'agrumes séchés sont très riches en vitamine C ce qui les rend très précieux pour la fabrication du savon. Les citrons possèdent en particulier d'excellentes propriétés antibactériennes. Cependant, les huiles essentielles issues d'agrumes ont la réputation d'être très difficiles à utiliser dans la fabrication du savon et conservent très rarement leur parfum. Utilisez environ 1 cuillère à soupe de zestes en poudre pour 454 g de préparation. Vous pouvez également remplacer une partie de l'eau prévue pour la recette par du jus de citron.

Poudre de moutarde : ajoutez une petite quantité de moutarde en poudre à votre préparation si vous souhaitez que votre savon nettoie les pores de votre peau en profondeur.

Avoine : cet additif aux douces propriétés exfoliantes donnera une agréable texture à votre savon. Utilisez de la farine ou des flocons d'avoine que vous passerez au mixeur. Pour un résultat optimal, ajoutez environ 50 g d'avoine pour 454 g de préparation.

Ponce : les qualités abrasives de la ponce finement moulue vous aideront à éliminer taches et impuretés tenaces sur vos mains. Ajoutez environ 2 cuillères à soupe pour 454 g de préparation. Si vous souhaitez fabriquer vos propres pierres ponces, ajoutez 113 g de ponce pour 227 g de préparation, mélangez soigneusement puis laissez durcir le mélange dans des moules préalablement graissés.

Algues : l'utilisation d'algues améliore la qualité et la couleur de la peau. Vous en trouverez sous forme de poudre ou d'extrait liquide dans les magasins de diététique. Les algues perdent l'essentiel de leurs vitamines et minéraux au cours du processus de saponification mais conservent toutes leurs qualités thérapeutiques et décoratives.

Beurre de karité : l'ingrédient idéal pour obtenir un savon dur, crémeux et nourrissant.

Fibres de soie : elles rendent votre savon soyeux. Ajoutez une pincée de fibres naturelles à votre solution de soude caustique puis remuez.

Épices : vous pouvez ajouter des épices moulues telles que la cannelle, le paprika et le curcuma à votre préparation en guise de colorants naturels (voir Choix des couleurs, page 24). Les clous de girofle possèdent d'excellentes vertus antiseptiques mais les savons obtenus ne sont pas recommandés aux peaux sensibles car ils ont tendance à irriter la peau.

Huile de vitamine E : les propriétés anti-oxydantes de l'huile de vitamine E prolongent la durée de conservation des ingrédients frais contenus dans le savon et protègent des effets du vieillissement.

Germe de blé : cet ingrédient exerce de nombreux effets bénéfiques. Le germe peut être réduit en poudre et utilisé pour ses qualités abrasives douces. Ajoutez environ 1 cuillère à soupe pour 454 g de préparation. L'huile de germe de blé, particulièrement douce, est reconnue pour ses propriétés anti-oxydantes. Les savons obtenus sont recommandés pour les soins du visage. Veillez cependant à bien étiqueter votre savon car certaines personnes peuvent être allergique au germe de blé.

Tableau de saponification

Il est absolument essentiel que vous utilisiez les quantités exactes d'hydroxyde de sodium (soude caustique) pour saponifier vos matières grasses, c'est à dire pour qu'elles se transforment en savon. Il s'agit de l'un des points clés de la fabrication du savon où la précision est fondamentale car, si votre savon contient un excédent d'hydroxyde de sodium, il peut irriter, voire brûler la peau. Au contraire, si vous n'ajoutez pas suffisamment d'hydroxyde de sodium, votre savon contiendra un excès de matières grasses, ce qui donnera un savon mou susceptible de devenir rance.

Le tableau suivant a été dressé par Elaine White, une savonnière américaine. Il vous donne la valeur de saponification de nombreuses huiles et matières grasses. Pour utiliser ce tableau, il suffit de multiplier le nombre de grammes d'huile par le chiffre indiqué pour obtenir la quantité exacte d'hydroxyde de sodium (soude caustique) nécessaire à la saponification. Par exemple, 150 grammes d'huile d'olive nécessitent 150 x 0,134 (valeur de saponification de l'huile d'olive) soit 20,1 grammes d'hydroxyde de sodium. Si votre huile contient une forte proportion d'huile de soja, multipliez les quantités par 0,135 au lieu de 0,134.

Plusieurs savonniers ont reproduit sur Internet des feuilles de calcul qui calculeront pour vous la quantité d'hydroxyde de sodium nécessaire. Pour connaître leurs adresses, reportez-vous à la page 79.

- 0,137 beurre de cacao
- 0,128 beurre de karité
- 0,102 blanc de baleine
- 0,069 cire d'abeille
- 0,069 cire de carnauba
- 0,069 cire de myrica
- 0,136 graisse d'oie
- 0,138 graisse de baleine mysticète
- 0,139 graisse de cerf, gras de venaison
- 0,074 graisse de laine de mouton, lanoline
- 0,138 graisse de mouton
- 0,138 graisse de poulet
- 0,092 graisse et blanc de baleine
- 0,139 graisse et gras de chèvre
- 0,138 graisse et gras de venaison, de cerf
- 0,136 graisse végétale, huile végétale hydrogénée
- 0,140 graisse, gras et suif de bœuf
- 0,137 huile d'abrasin, de soja, de bois de Chine
- 0,136 huile d'arachide
- 0,133 huile d'avocat *(Persea americana)*
- 0,134 huile d'olive *(Olium olivate)*
- 0,136 huile d'onagre *(Oenothera biennis)*
- 0,175 huile de babassu, de noix du Brésil
- 0,136 huile de bourrache *(Borrago officinalis)*
- 0,136 huile de carthame
- 0,128 huile de castor, de ricin
- 0,1375 huile de chanvre, de chènevis
- 0,124 huile de colza
- 0,138 huile de coton
- 0,132 huile de foie de morue
- 0,132 huile de germe de blé *(Triticum vulgare)*
- 0,124 huile de graines de moutarde
- 0,135 huile de graines de potiron
- 0,133 huile de graines de sésame
- 0,134 huile de graines de tournesol
- 0,136 huile de hareng, de poisson
- 0,069 huile de jojoba
- 0,137 huile de kapok
- 0,135 huile de kukui
- 0,135 huile de lin
- 0,136 huile de maïs
- 0,136 huile de noisette *(Corylus avellana)*
- 0,190 huile de coco *(Cocos nucifera)*
- 0,136 huile de noix de Jugulans regia
- 0,139 huile de noix de Macadamia *(Macadamia integrifolia)*
- 0,175 huile de noix du Brésil, de babassu
- 0,135 huile de noyaux d'abricots *(Prunus armeniaca)*
- 0,141 huile de palme
- 0,156 huile de palmiste, beurre de palme
- 0,138 huile de pavot
- 0,123-0,135 huile de pépins de raisin, de pépins de pamplemousse *(Vitis vinifera)*; très variable
- 0,141 huile de pied de bœuf
- 0,135 huile de pistache
- 0,135 huile de sardine, de poisson du Japon
- 0,135 huile de soja *(Hellantus annuus)*
- 0,128 huile de son de riz
- 0,137 huile de Théobroma, beurre de cacao
- 0,140 huile de vison
- 0,074 lanoline, graisse de laine de mouton
- 0,136 margarine
- 0,138 saindoux, graisse et gras de porc

Choix des parfums

Le choix du parfum doit tenir compte de nombreux éléments. Tout d'abord, quelle est la finalité de votre savon ? Est-il destiné à délasser, à nettoyer et désodoriser, ou à apaiser une peau sensible ? Vous recherchez plutôt un parfum frais et tonique, ou musqué et épicé ? Le deuxième élément à prendre en compte est la stabilité de votre huile essentielle. Certaines résistent mieux que d'autres au processus de saponification : les huiles issues de la famille des agrumes, en particulier, nécessitent un agent fixatif tel que le benjoin ou le melaleuca.

Qu'est-ce qu'une huile essentielle ?

Les huiles essentielles sont des extraits de plantes généralement obtenus par distillation. De grandes quantités de végétaux sont nécessaires pour produire d'infimes quantités d'huile, ce qui explique leur prix relativement élevé.
Les huiles essentielles sont des produits puissants qu'il faut utiliser avec précaution. Veillez à toujours mélanger les huiles essentielles avec une huile de base telle que l'huile d'amandes douces avant de les appliquer directement sur la peau et à porter des gants en caoutchouc lorsque vous les manipulez.
N'utilisez pas d'huiles essentielles si votre peau est allergique ou lors des quatre premiers mois de grossesse.
Il est toujours tentant d'ajouter davantage d'huiles essentielles dans sa préparation de savon pour accentuer son parfum. N'en faites rien. Comme je l'ai dit précédemment, les huiles essentielles sont des produits puissants. Si vous en utilisez trop, votre savon risque d'irriter la peau. En cas de contact avec les yeux, si vous recevez accidentellement une éclaboussure d'huile pure ou si vous vous frottez les yeux, rincez immédiatement avec du lait ou de l'eau chaude.

Les propriétés curatives des huiles

Les aromathérapeutes vous renseigneront sur les différentes propriétés curatives de nombreuses huiles essentielles. Même s'il n'est pas certain que leurs vertus soient conservées lors du processus de saponification, les parfums qu'elles engendrent produisent quant à eux un effet certain sur l'humeur. Personnellement, j'aurais donc tendance à choisir mes huiles essentielles en supposant que leurs vertus curatives seront également présentes dans le savon obtenu.

Les substituts du parfum

Les huiles parfumées de synthèse, souvent présentées dans des emballages imitant les huiles essentielles, sont moins onéreuses. Vous pouvez différencier ces produits de deux façons : tout d'abord par la différence de prix, puis par la note de mise en garde indiquant de ne pas appliquer l'huile directement sur la peau. Si vous avez l'intention de vendre votre savon, cette note d'avertissement doit clairement figurer sur l'emballage. Pour ce qui est de la fabrication du savon, les quantités infimes d'huiles essentielles utilisées ne présentent aucun danger. Il est cependant préférable de ne pas en utiliser si votre peau est particulièrement sensible.

Fabriquez vos propres parfums

De nombreux savonniers sont tentés de créer leurs propres huiles essentielles. Mais le procédé de distillation nécessite de telles quantités de pétales que le résultat n'en vaut pas la peine.
Une autre solution simple et efficace pour le savonnier amateur consiste à faire infuser des fleurs et des herbes fraîches dans une huile de base avant de les ajouter à votre préparation. Pour ce faire, écrasez vos pétales et vos herbes pour libérer leur parfum et disposez-les délicatement dans une bouteille à col large. Remplissez la bouteille d'huile d'olive, de tournesol ou d'amandes douces et mélangez bien. Recouvrez le goulot de mousseline et laissez reposer pendant deux semaines dans un endroit chaud (ou au soleil) en agitant la bouteille tous les jours. Puis, filtrez l'huile et remplissez de nouveau la bouteille de plantes fraîches. Répétez l'opération jusqu'à ce que l'huile soit fortement imprégnée du parfum des fleurs ou des herbes.
Vous pouvez suivre le même procédé en utilisant des graisses solides. Prenez de la graisse végétale ou de noix de coco et faites-la fondre dans une casserole avec un mélange de pétales ou d'herbes fraîches. Puis, remuez sans arrêt pendant que le mélange refroidit. Faites fondre de nouveau la graisse, filtrez les pétales et remplacez-les par des frais. Répétez l'opération jusqu'à ce que la graisse refroidisse soit fortement imprégnée du parfum des fleurs ou des herbes.
Vous pouvez de la même façon parfumer l'eau que contient votre préparation de savon. Versez de l'eau bouillante dans une casserole remplie de pétales ou d'herbes écrasés et couvrez à l'aide d'un couvercle. Laissez infuser pendant deux heures puis filtrez. Répétez l'opération jusqu'à ce que l'eau soit bien parfumée.
En suivant ce procédé, vous fabriquez une sorte de thé ou d'infusion.

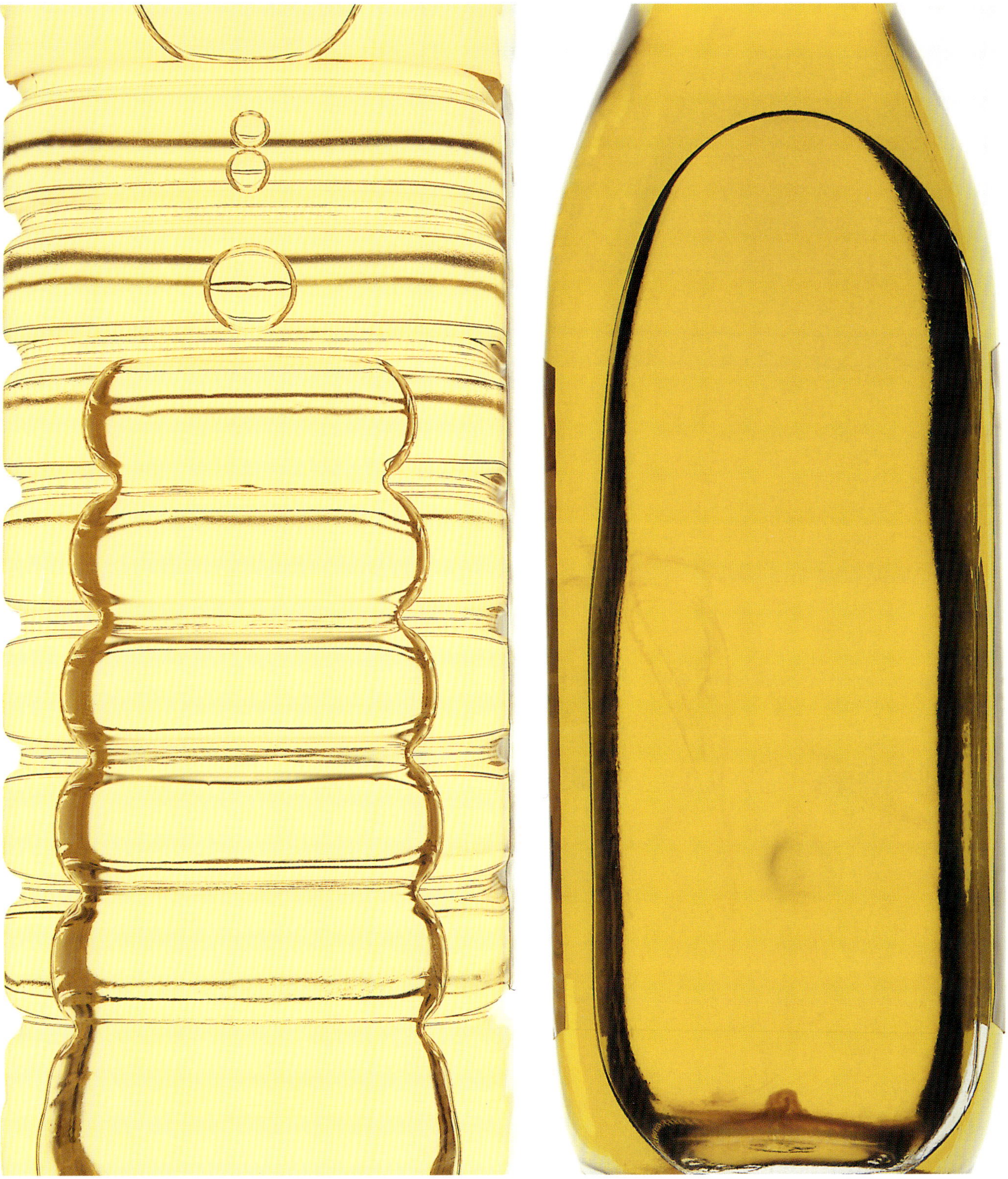

Problèmes éventuels

Les huiles essentielles et parfumées peuvent faire tourner votre savon. C'est pourquoi, il est préférable de les ajouter à la préparation juste après l'apparition de la trace, au moment où il ne reste quasiment plus d'hydroxyde de sodium. Si votre pâte commence à tourner, battez-la énergiquement à l'aide d'un fouet et versez-la dans le moule. Ce phénomène peut également avoir une incidence sur la couleur à l'arrivée.

Mélanger des parfums

Même si de nombreuses huiles essentielles utilisées seules fournissent un parfum agréable et reconnaissable, en mélanger plusieurs pour créer votre propre parfum est une expérience très gratifiante.
Il est important de comprendre tout d'abord le principe des « trois notes ». Ces notes correspondent à des catégories qui définissent la force et l'essence d'un parfum donné.
La « note de tête » correspond au parfum que vos narines perçoivent en premier lieu mais qui peut être fugace. La « note de cœur » caractérise le parfum. La « note de fond » agit comme fixatif : il s'agit sans doute de la plus sensuelle. Vous trouverez ci-dessous une liste des huiles essentielles les plus connues ainsi que leurs vertus.

Bergamote *(Citrus bergamia)*
Note de tête. Obtenue à partir d'écorce d'orange, la bergamote dégage un parfum frais et revitalisant. Adaptée aux peaux grasses, les aromathérapeutes la recommandent contre l'eczéma et l'acné.

Bois de rose *(Aniba parviflora)*
Note de cœur. Cette senteur sucrée et épicée est distillée à partir d'un arbre à bois dur. Le bois de rose stimule les cellules et les tissus et ralentit le vieillissement cutané. Il est également aphrodisiaque. L'exploitation de cet arbre précieux allant à l'encontre de la protection de l'environnement, utilisez plutôt de l'huile essentielle de camphrier.

Bois de santal *(Santalum album)*
Note de fond. Senteur chaude et boisée aux propriétés antiseptiques et astringentes, le bois de santal convient aux peaux sèches et ralentit le vieillissement cutané. Les aromathérapeutes le recommandent pour apaiser l'eczéma et les irritations cutanées.

Camomille romaine (*Anthemis nobilis)*
Note de tête. Distillée à partir des fleurs et des feuilles de cette herbe commune, la camomille convient aux peaux sèches et sensibles. Les aromathérapeutes la recommandent également en traitement contre l'acné et les inflammations cutanées. Les senteurs pures et fraîches de la camomille sont idéales dans des savons destinés à la toilette du visage et aux bains de vapeur.

Camphrier *(Cinnamomum camphora).* Voir Bois de rose.

Cardamome *(Elettaria cardamomum)*
Note de tête. Cette senteur exotique et épicée est extraite de la graine de la plante. Elle soulage maux de têtes et nausées.

Carotte *(Daucus carota)*
Note de cœur. Une senteur revitalisante particulièrement adaptée aux peaux sensibles. Les aromathérapeutes la recommandent également en traitement contre l'eczéma et le psoriasis.

Cèdre Atlas *(Cedrus atlantica)*
Note de fond. Extraite du bois de cèdre, cette senteur aux propriétés antiseptiques apporte une note douce et boisée qui calme l'anxiété, en particulier lorsqu'elle est associée au bois de santal.

Citron *(Citrus limonum)*
Note de tête. Cette odeur franche et prononcée doit être stabilisée dans le savon à l'aide d'un agent fixatif tel que le benjoin. Recommandée pour les peaux grasses, l'huile essentielle de citron possède des vertus antifongiques et astringentes. Pour obtenir un effet exfoliant, associez-la à une charge rugueuse.

Citronnelle *(Cymbopogon nardus)*
Note de tête. Cette senteur citronnée rafraîchissante est extrêmement efficace contre les insectes et déodorante. Ajoutez-en dans les shampoings canins pour éloigner les puces.

Encens *(Boswellia carteri)*
Note de fond. Senteur exotique, épicée et balsamique aux vertus antiseptiques et revitalisantes. Elle convient aux peaux grasses ou gercées et ralentit le vieillissement cutané.

Eucalyptus *(Eucalyptus globulus)*
Note de tête. Une senteur prononcée, antiseptique, efficace contre les insectes et les puces. Les aromathérapeutes la recommandent en traitement contre l'acné. Ses vertus antifongiques en font un excellent ingrédient pour des savons destinés à la toilette des mains.

Géranium *(Pelargonium roseum)*
Note de cœur. Un parfum sucré et capiteux, antidépresseur, idéal lorsqu'il est associé à des huiles plus âpres d'agrumes ou de lavande.

Il convient à tous les types de peaux et les aromathérapeutes le recommandent en traitement contre l'eczéma et les inflammations cutanées. L'huile essentielle de géranium est idéale dans les lotions corporelles.

Gingembre *(Zingiber officinale)*
Note de cœur. Cette senteur chaude et épicée aux vertus antiseptiques convient aux savons pour hommes.

Laurier *(Pimenta racemosa)*
Note de fond. Utilisée en parfumerie, cette huile riche et aromatique est particulièrement sensuelle associée à de la noix de muscade et de la mandarine. Elle donne un magnifique savon pour hommes.

Lavande *(Lavandula officinalis)*
Note de tête. Ce parfum frais et âcre aux vertus antiseptiques et antibiotiques convient particulièrement aux peaux grasses et sensibles. Il est également très efficace contre les insectes.

Mandarine *(Citrus reticulata)* Voir Tangerine.

Marjolaine *(Origanum marjorana)*
Note de tête. Cette senteur chaude et feuillue, extraite des fleurs de la même plante, se mêle parfaitement aux huiles de lavande et d'agrumes. En raison de ses vertus antiseptiques, elle est particulièrement recommandée pour les peaux grasses.

Melaleuca *(Melaleuca alternifolia)*
Note de tête. Une huile très utile, dégageant une odeur médicinale, et qui agit comme conservateur dans le savon. Son pouvoir antiseptique et nettoyant est particulièrement recommandé pour lutter contre les démangeaisons, les piqûres d'insectes et l'acné.

Menthe poivrée *(Mentha piperata)*
Note de tête. Le parfum pur, frais et légèrement écrasant de cette huile s'utilise, de préférence, seul. Efficace contre les insectes et possédant des vertus antiseptiques, la menthe poivrée est particulièrement recommandée pour un savon tonique et stimulant. En revanche, elle est contre-indiquée durant les quatre premiers mois de grossesse.

Myrrhe *(Commiphora myrrha)*
Note de fond. Cette senteur chaude et boisée est recommandée pour les ongles.

Niaouli *(Melaleuca viridiflora)*
Note de cœur. Distillée à partir de fleurs d'oranges amères, cette senteur âcre et sucrée aux vertus revitalisantes constitue la base de l'eau de Cologne. Elle est recommandée par les aromathérapeutes pour apaiser les inflammations cutanées.

Pamplemousse *(Citrus grandis)* Voir Citron.

Patchouli *(Pogostemon patchouli)*
Note de fond. Vous aimerez ou détesterez cette odeur chaude et poivrée aux vertus antiseptiques. Employée pour lutter contre l'acné et l'eczéma, elle est également efficace contre les pellicules.

Pin sylvestre *(Pinus sylvestris)*
Note de cœur. Cette senteur fraîche, stimule la circulation. C'est un parfum idéal pour les hommes.

Rose *(Rosa damascena)*
Note de cœur. Cette huile très précieuse disparaît dans le savon. Alors que le parfum capiteux de l'huile essentielle de rose est très séduisant et ses vertus antiseptiques très utiles, son prix est exorbitant !

Sauge sclarée *(Salvia sclarea)*
Note de tête. La senteur de la sauge évoque l'atmosphère des matins champêtres. Cette huile précieuse possède également des vertus antiseptiques et déodorantes.

Tangerine *(Citrus reticulata)*
Note de cœur. Odeur légèrement piquante aux propriétés antiseptiques et adoucissantes, la tangerine est un l'ingrédient approprié des huiles et des lotions pour le visage. Si vous parfumez votre savon avec cette huile essentielle, ajoutez du benjoin pour la stabiliser.

Vanille *(Vanilla)*
Note de fond. Cette senteur chaude et accueillante donnera une teinte brun foncé à votre préparation.

Ylang-ylang *(Cananga odorata)*
Note de cœur. Une senteur sucrée et capiteuse. Elle convient à tous les types de peaux. Très efficace dans les shampoings et les lotions capillaires, elle tonifie le cuir chevelu et stimule la pousse des cheveux.

Choix des couleurs

Mélanger et jouer avec les couleurs fait partie des nombreux plaisirs de la fabrication du savon. Même si vos savons incolores au départ produisent un magnifique éventail de couleurs satinées, vous pouvez rehausser leur aspect naturel en ajoutant à votre préparation des herbes, des légumes et du thé.

Malgré tous vos efforts, vous verrez à quel point il est difficile de maîtriser les couleurs étant donné que les pigments réagissent avec les parfums et la solution caustique. Les couleurs peuvent également changer au contact des couleurs naturelles des huiles de base. En revanche, vous n'aurez pas ce problème si vous fabriquez votre savon à partir d'une base de glycérine. En effet, dans ce cas, comme la saponification a déjà eu lieu, la solution caustique n'affectera pas les couleurs et vous pourrez même utiliser des colorants alimentaires liquides traditionnels.

Voici une liste de quelques ingrédients à utiliser comme colorants naturels que vous possédez peut-être déjà dans votre cuisine :

Graines de rocou — jaune ; sucre caramélisé — brun ; poudre de carotte — orange ; piment de Cayenne — saumon ; cannelle — beige ; cacao — de café à brun foncé ; café — ocre ; curry — jaune pêche ; chlorophylle liquide — vert clair (a tendance à décolorer) ; paprika — pêche ; chocolat noir à pâtisser — brun ; épinards en poudre — vert pâle (tacheté) ; curcuma — jaune d'or.

Lorsque vous utilisez des épices naturelles, il est recommandé de les mélanger au préalable à une petite quantité de pâte prélevée de votre marmite puis de les incorporer à votre préparation en remuant énergiquement. De cette façon, vous empêcherez notamment des grains d'épices amalgamés de former des taches sur votre savon.

La quantité utilisée est une affaire de goût mais je vous conseille de commencer par de faibles doses et de les réajuster par la suite. Ajoutez 1 cuillère à café de colorant pour 454 g d'huile. Un excès de couleur tacherait vos mains, votre baignoire et les serviettes de toilette. Rappelez-vous que le but est d'obtenir une mousse blanche quelle que soit l'intensité de la couleur de votre savon.

Les bleus lapis et les verts malachite que l'on trouve en masse dans le commerce sont produits par des outremers et des oxydes naturels, ou des pigments spécifiques en poudre conçus pour l'industrie cosmétique. Vous trouverez d'autres pigments cosmétiques auprès de fournisseurs spécialisés. Vérifiez systématiquement que ces produits sont garantis pour un usage cosmétique.

Vous pouvez créer de jolis mélanges à base d'outremers, d'oxydes naturels et de pigments synthétiques mais les couleurs obtenues seront souvent le fruit du hasard. Un pigment bleu, en fonction de l'huile de base que vous avez utilisée pour votre préparation, peut donner un savon rose. C'est parfait si vous souhaitiez un savon rose mais très frustrant si vous vous attendiez à ce qu'il soit bleu. L'ajout de cire d'abeille de couleur miel et de lait donne une base ocre. Si vous ajoutez un pigment bleu, vous obtiendrez un savon vert. Certains arômes font également virer le savon au brun, l'exemple le plus courant étant l'extrait de vanille. Le lait de chèvre a également tendance à donner une teinte légèrement ocre au savon.

Pour éviter ce genre de surprise, la meilleure solution consiste à ajouter les colorants au moment de l'apparition de la trace, après avoir ajouté les huiles essentielles car ces dernières peuvent également modifier la couleur de base de votre savon.

Les couleurs vives ont également une fâcheuse tendance à se décolorer. Faites un essai en laissant durcir une moitié de préparation dans un lieu sombre et l'autre en pleine lumière. Observez la différence après plusieurs semaines pour évaluer la stabilité de la couleur.

Les oxydes et les pigments cosmétiques

Pour ajouter un outremer ou un oxyde dans une casserole de savon de 1 kg, comptez environ 4 ml de poudre sèche diluée dans 28,25 g d'eau chaude distillée. N'oubliez pas de réduire d'autant la quantité d'eau prévue dans la recette. Ajoutez le colorant ainsi dilué à la préparation à l'aide d'un compte-gouttes afin de contrôler la densité de la couleur. Gardez à l'esprit que votre savon paraîtra toujours beaucoup plus foncé en cours de cuisson qu'après avoir durci. Ajoutez seulement 0,30 cm^3 (recouvrez l'extrémité d'une cuillère à café) de pigment dilué dans 28,25 g d'eau et ajoutez à la pâte.
Les outremers existent dans de nombreuses couleurs y compris des ocres et des oxydes de fer. Prenez garde de ne pas en avaler car les pigments sont tous plus ou moins toxiques.
Lori Schenkelberg, savonnière très active aux États-Unis, propose de très petites quantités d'oxydes et de pigments cosmétiques en sachets. Ces produits sont disponibles par correspondance (voir page 79).

Les pastilles de cire

Ces pastilles sont destinées à la fabrication des bougies mais certaines conviennent parfaitement à la fabrication du savon. Cependant, si vous prévoyez de vendre votre savon, sachez qu'il ne sera pas conforme aux lois en vigueur en matière de cosmétiques. Il en sera de même si vous utilisez des pastels gras, que certains amateurs aiment faire fondre et utiliser comme colorants.
Vous pouvez associer plusieurs couleurs pour créer vos propres nuances. Diluez des copeaux de pastilles dans une petite quantité de pâte prélevée de votre marmite puis incorporez-les à la préparation et mélangez bien jusqu'à ce que la couleur soit uniforme.

Les colorants pour savon

De nombreux fabricants artisanaux du Royaume-Uni vendent des liquides sous cette appellation. Ces produits sont destinés à la fabrication de savons à partir de bases glycérinées mais, malheureusement, ces derniers résistent mal à l'hydroxyde de sodium (soude) lors du processus de saponification.

Ci-dessus : Diverses nuances de couleurs ont été obtenues en utilisant une base d'huiles végétales, de palme et de coco.

Recuire et recycler

Recuire consiste à retravailler des savons séchés ou partiellement séchés issus de la méthode à froid en les faisant fondre à nouveau. Cette technique présente plusieurs avantages. Elle réduit considérablement le risque que l'hydroxyde de sodium (soude) contenu dans votre savon altère les colorants et les parfums. Elle permet aussi de recycler chutes de savon et savons ratés, évitant ainsi tout gaspillage.

Les savons issus de cette technique ont des couleurs plus vives et des parfums plus durables. De plus, les herbes et les pétales de fleurs fraîches éventuellement ajoutés à la pâte seront moins susceptibles de se décolorer. Vous pourrez également verser vos savons recuits dans des moules plus fantaisies car les matériaux requis ne se limitent pas au plastique, au verre ou à l'inox.

Recuire pas à pas

❶ Fabriquez un savon de base selon la méthode habituelle et laissez-le reposer jusqu'à ce qu'il soit dur (pendant au moins un mois).
❷ Utilisez une râpe à fromage, un robot électrique ou un hachoir manuel afin de réduire le savon en fines lamelles.
❸ Pesez le savon ainsi obtenu. Préparez 339 g d'eau chaude distillée ou de source pour 454 g de pâte.
❹ Faites fondre le savon au bain-marie à feu moyen dans trois quarts de l'eau chaude préparée et remuez jusqu'à ce que le savon soit entièrement fondu. Ajoutez le restant d'eau chaude et remuez de nouveau.
❺ Couvrez et laissez mijoter. Le processus de fonte peut durer une heure. Remuez la pâte de temps en temps jusqu'à ce que tous les morceaux de savon se soient dissous.
❻ Lorsque la pâte a atteint une consistance lisse et veloutée, retirez-la du feu et ajoutez colorant et parfum éventuels. Remuez jusqu'à ce que tous les ingrédients soient mélangés de façon homogène dans la pâte. La consistance du mélange peut changer en ajoutant certaines huiles parfumées. Si la pâte se liquéfie, continuez à remuer jusqu'à ce qu'elle redevienne onctueuse. Si elle épaissit, ajoutez de l'eau et remuez énergiquement.
❼ Continuez à remuer tout en laissant refroidir la pâte puis versez-la dans des moules préalablement graissés. Laissez reposer selon la méthode habituelle.

Si le résultat obtenu ne vous satisfait pas, faites fondre de nouveau votre savon au bain-marie à feu doux.

Recycler du savon

Pour recycler des restes de savon, suivez les instructions précédentes. Vos restes seront certainement de couleurs et de textures différentes. Vous n'obtiendrez donc jamais un savon d'une blancheur pure ni d'une consistance parfaitement lisse. Profitez de vos casseroles de recyclage pour créer un savon aux herbes ou aux flocons d'avoine dont l'intérêt résidera principalement dans la texture. Remplacez l'eau par du lait de chèvre ou un mélange à parts égales d'eau et de lait de chèvre pour obtenir un savon plus riche. Vous pouvez également créer des couches de savon de différentes couleurs : faites fondre successivement de petites quantités de savon et ajoutez un colorant de couleur différente à chaque fois. Si vous fabriquez votre savon à partir d'une base de savon glycériné, passez la surface de chaque couche à l'hamamélis afin qu'elles adhèrent bien entre elles.

Utiliser des chutes de savon et des cuvées ratées

Avec un peu d'imagination, vous trouverez diverses façons de reconvertir résidus et cuvées ratées. Bien qu'ils soient trop caustiques pour être utilisés comme savons de toilette, les savons ratés peuvent tout à fait parfumer une pièce ou une armoire. Vous pouvez aussi couper le savon en petits cubes et les relier entre eux pour en faire des cordons ou des porte-clés ou encore les suspendre à des cintres pour rafraîchir et parfumer des vêtements. Glissez un savon parfumé dans votre armoire à linge, celui-ci s'imprégnera d'une agréable fraîcheur. De nombreux savons dégagent une odeur qui éloigne les insectes. Des petits morceaux de savon suffisamment parfumés chasseront les mouches. Grattez des restes de jolis savons et placez-les dans de petits sachets de mousseline avec 1 cuillère à soupe de flocons d'avoine. Vous les utiliserez comme gants exfoliants.
Vous pouvez également utiliser des chutes de savons dans le procédé de fonte en disposant des morceaux dans un moule avant de verser votre préparation par-dessus.

Instructions de base

Les instructions suivantes vous expliquent comment fabriquer de véritables savons : en saponifiant directement des matières grasses ou en travaillant à partir d'une base de savon glycériné prête à l'emploi. La première méthode produit certainement un savon plus riche et plus crémeux tandis que la seconde vous permet d'ajouter couleurs et parfums sans avoir recours à la soude caustique.

La méthode à froid

Bien que de nombreux ingrédients différents puissent être utilisés dans la méthode à froid, le principe de base reste le même. Suivez simplement les instructions ci-dessous :

❶ Pesez vos matières grasses de base (graisses, huiles, cire d'abeille et beurres, le cas échéant) à l'aide d'une balance précise. Placez-les dans une casserole en inox ou en émail.

❷ Faites chauffer à feu doux jusqu'à ce que le mélange soit complètement fondu. Éteignez le feu et laissez reposer jusqu'à ce que les matières grasses atteignent une température d'environ 49 °C en remuant de temps en temps.

❸Mettez vos lunettes de protection et enfilez vos gants en caoutchouc. Pesez soigneusement la soude et versez-la dans un récipient en plastique ou en verre. Assurez-vous au préalable que votre pièce est bien ventilée ou effectuez l'opération à l'extérieur.

❹ Pesez l'eau à l'aide de votre balance et versez-la dans un autre récipient en plastique ou en verre ou dans un seau. Versez les granules de soude dans l'eau et remuez jusqu'à ce qu'ils soient dissous. La réaction de l'hydroxyde de sodium au contact de l'eau produit de la chaleur. Attendez que la température retombe à 49 °C. Prenez garde de ne pas inhaler les vapeurs toxiques. Versez la solution caustique obtenue sur les matières grasses et remuez à l'aide d'une cuillère ou d'une spatule en inox ou en plastique.

❺ Continuez de remuer de temps en temps jusqu'à ce que les gouttes de pâte que vous ferez retomber de votre spatule forment un relief à la surface du mélange. Ce stade est appelé « trace légère ». Si vous souhaitez obtenir une trace plus importante, laissez la pâte épaissir sur le feu. Veillez toutefois à ce qu'elle n'épaississe pas trop de façon à pouvoir la verser dans les moules.

❻ Ajoutez le parfum et remuez soigneusement. Ajoutez le colorant et mélangez bien. Ajoutez ensuite les herbes et les huiles essentielles nécessaires.

❼ Remuez puis versez le mélange dans un moule préalablement graissé. Laissez reposer jusqu'à ce que la pâte soit dure. Démoulez le pain de savon obtenu et coupez-le en savonnettes.

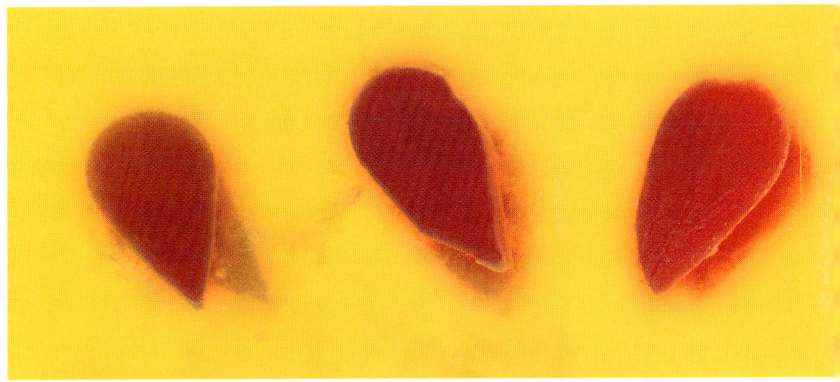

Le recours à une base de savon glycériné

Pour ceux d'entre vous qui appréhendent la manipulation de solutions caustiques, l'utilisation d'une base de savon prête à l'emploi est idéale et vous permettra d'exercer tout autant votre créativité.

Le procédé de fonte est aussi une solution parfaite pour les personnes impatientes (ou les enfants). De nombreuses recettes de ce livre vous apprendront à préparer de délicieux savons en suivant une méthode simple.

Il existe des bases de savon transparentes ou opaques. La plupart d'entre elles contiennent malheureusement une forte proportion d'ingrédients artificiels. Vous trouverez des bases de glycérine végétale pure mais celles-ci ont habituellement une teinte naturelle jaune pâle dont il faudra tenir compte pour définir la couleur de votre savon.

Pour fabriquer une gamme de merveilleux savons, suivez simplement les instructions suivantes :

❶ Coupez la base de savon en petits morceaux puis faites fondre les morceaux obtenus au bain-marie à feu très doux. Couvrez votre casserole à l'aide d'un film alimentaire.

❷ Lorsque le savon est fondu, ajoutez colorant et parfum. Remuez soigneusement puis versez la pâte dans un moule. Laissez reposer. La pâte devrait durcir au bout de 10 minutes environ.

Savon en papillote

Il existe de jolies façons d'emballer votre savon. J'espère que vous reprendrez quelques-unes de mes idées et que vous suivrez également votre propre inspiration.

Les papiers fabriqués à la main sont magnifiques associés aux savons naturels et si vous ne souhaitez par les fabriquer vous-même, vous en trouverez de nombreuses sortes pour assortir à vos ingrédients. Par exemple, vous pouvez vous procurer des papiers fabriqués à partir de fibres de noix de coco et de banane incrustés de pétales. Notez, cependant, que la glycérine contenue dans les savons issus du procédé de fonte a tendance à perler. Pour résoudre ce problème, enveloppez toujours ce type de savons dans un film plastique avant de les emballer dans votre joli papier.

Vous pouvez également utiliser des feuilles et des brindilles pour apporter une touche finale à vos produits. Confectionnez de petits sachets et des rubans avec des feuilles de bananier et de palmier et attachez-les avec du raphia. Ne vous laissez pas tenter par des raphias colorés car leur teinture déteindra sur votre savon. Une brindille décorative passée autour du nœud crée une ravissante touche finale.
Si vous aimez emballer vos savons dans de petits sachets, vous aimerez également l'idée d'introduire une petite ouverture au milieu pour que les admirateurs puissent découvrir et sentir leur délicieux contenu.

Page ci-contre : Papiers, tissus, rubans et boîtes de couleur ocre rehaussent l'aspect naturel des savons faits main.
Ci-dessus : L'association de papier de soie, de plastique et de rubans de couleurs vives est surprenante. Ce type d'emballage amusant est idéal pour un cadeau d'anniversaire.
Ci-contre : Cet emballage sophistiqué blanc et argent est extrêmement élégant. Enveloppés de cette façon, les savons faits main se transforment en cadeaux uniques.

recettes

Tequila sunrise ◆ Crème de menthe ◆ Piña colada ◆ Buck's fizz ◆ Vodka on the rocks ◆ Pastèque rafraîchissante ◆ Algues apéritives ◆ Sushi ◆ Aspic de coquillages ◆ Crème d'avocat ◆ Crèmes aux herbes et aux fruits secs ◆ Crème à l'églantine et au gingembre ◆ Crème à l'oseille, à l'ortie et à la citronnelle ◆ Pain aux noix et à l'orange ◆ Crème de lavande ◆ Olive, mangue et jojoba ◆ Salade à la carotte, à l'orange et à la poire ◆ Crème d'épinards au laurier ◆ Pain aux olives, au son et aux flocons d'avoine ◆ Vinaigrette ◆ Palmiste au curcuma ◆ Feuilleté citron chocolat ◆ Gâteau aux fruits de la passion ◆ Gâteau à la fraise et à la banane ◆ Crème de menthe poivrée ◆ Fantaisies de fleurs ◆ Mosaïques de verres teintés ◆ Gâteau de Noël soyeux au beurre de karité ◆ Bouchées au citron vert ◆ Crème de jasmin ◆ Boules de glace ◆ Biscuits de savon ◆ Perles de savon ◆ Fruits frais ◆ Bain effervescent ◆ Gommage au sel de mer et au romarin ◆ Lotion à la camomille, au miel et à la vitamine E ◆ Baume à lèvres menthe chocolat ◆ Senteur pour la salle de bains ◆ Le pourboire ◆ Divertissement d'après dîner

Cocktails

La transparence d'une base de savon glycériné me rappelle toujours l'aspect des glaçons ; ajoutez couleur, arôme et bulles et vous pourrez produire toutes sortes de cocktails de savon exotiques dont votre peau se délectera.

Tequila sunrise

Vous pouvez créer de magnifiques effets iridescents en mêlant différentes couleurs entre elles.

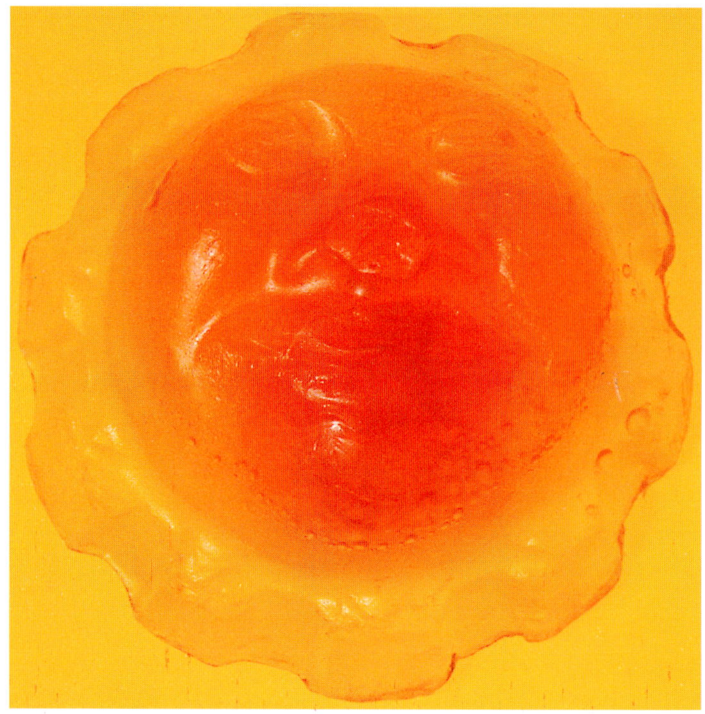

Caractéristiques

Belles gelées en forme de soleil. Aucune propriété particulière, mais ravissant dans la salle de bain.

Ingrédients

1 kg de base de savon glycériné transparente
1 cuillerée à café d'huile parfumée ou d'huile essentielle
Colorants alimentaires liquides rouge, orange et jaune

Équipement

Un couteau tranchant
3 récipients en verre ou en plastique
3 casseroles en émail ou en inox
Des moules en forme de soleil

Méthode

- Coupez grossièrement la base de savon et placez les morceaux obtenus dans l'un des récipients.
- Disposez les trois récipients, deux d'entre eux étant vides pour l'instant, dans des casseroles à moitié remplies d'eau. Faites chauffer l'eau jusqu'à ce que le savon commence à fondre dans le fond du récipient.
- Couvrez la casserole contenant le récipient de savon et réduisez le feu au minimum.
- Lorsque le savon est complètement fondu, ajoutez votre huile essentielle ou parfumée.
- Répartissez le savon de façon égale dans les trois récipients.
- Ajoutez un colorant de couleur différente dans chaque pâte et remuez doucement.
- Versez successivement dans le fond de chaque moule le savon rouge, puis le savon orange, et terminez par le savon jaune.
- Laissez reposer.
- Lorsque le savon est dur, démoulez-le en retournant le moule. Lissez les angles éventuellement rugueux à l'aide d'un couteau tranchant.

Crème de menthe

Utilisez un emporte-pièce miniature pour découper de jolies formes dans des restes de savons ou faites des copeaux en passant un couteau économe à la surface. Disposez les morceaux obtenus dans un moule puis versez une base de savon glycériné dessus. J'ai utilisé un emporte-pièce en forme de feuille pour évoquer des feuilles de menthe, bien qu'elles soient rouges.

Caractéristiques

Vivifiant. Excellent pour désodoriser les pieds.

Ingrédients

1 kg de base de savon glycériné transparente
Des restes de savons épaissis à froid
1 cuillerée à café d'huile parfumée à la menthe ou d'huile essentielle de menthe
Colorant alimentaire liquide de couleur verte

Équipement

Un couteau tranchant
Un récipient en verre ou en plastique
Une casserole en émail ou en inox
Des emporte-pièce
Un moule de votre choix

Méthode

- Coupez grossièrement la base de savon et placez les morceaux obtenus dans un récipient en verre ou en plastique. Disposez le récipient dans une casserole à moitié remplie d'eau et faites chauffer à feu doux. Baissez le feu au minimum et laissez le savon fondre. Couvrez la casserole.
- Pendant ce temps, découpez des formes de feuilles dans les restes de savons et disposez-les dans le moule. Lorsque le savon est complètement fondu, ajoutez l'huile essentielle ou parfumée et quelques gouttes de colorant. Versez le savon dans le moule, sur les morceaux de savon en forme de feuilles.
- Laissez reposer. Lorsque le savon est dur, démoulez-le en retournant le moule. Lissez les angles éventuellement rugueux à l'aide d'un couteau tranchant.

Piña colada

Pour cette recette, j'ai recouvert un savon épaissi à froid à la noix de coco d'une couche de glycérine parfumée à l'ananas. Si vous ne souhaitez pas fabriquer au préalable le savon épaissi à froid, sachez que vous obtiendrez le même effet en utilisant une base de savon opaque.

Caractéristiques

Crémeux à grosses bulles. Idéal pour les moments de détente.

Ingrédients

- **Pour la base :**

850 g d'huile de coco
57 g de beurre de cacao
168 g de soude
340 g d'eau
5 ml d'huile parfumée à la noix de coco

- **Pour le dessus :**

112 g de base de savon glycériné transparente
3 gouttes d'huile parfumée à l'ananas
Colorant alimentaire liquide de couleur jaune
Hamamélis

Équipement

Deux casseroles en émail ou en inox
Des lunettes de protection
Des gants en caoutchouc
Une spatule en plastique
2 thermomètres en verre
Un bac en plastique de forme rectangulaire
Un couteau tranchant
Un récipient en verre ou en plastique

Méthode

Pour la base :

- Mélangez l'huile de coco et le beurre de cacao dans une casserole en émail ou en inox et faites fondre à feu doux.
- Mettez vos lunettes de protection et enfilez vos gants en caoutchouc. Ajoutez la soude à l'eau et remuez.
- Placez un thermomètre en verre dans le mélange de graisses végétales et l'autre dans la solution caustique. Lorsque la température de chacun des mélanges atteint 49 °C, versez la solution caustique sur le mélange de graisses végétales et remuez à l'aide d'une spatule en plastique.
- Graissez un bac en plastique rectangulaire (ou tapissez le fond d'une boîte en carton avec un sac poubelle) en guise de moule.
- À l'apparition de la trace légère (reportez-vous à la page 27), ajoutez l'huile parfumée et remuez bien. Versez le savon dans le moule et laissez reposer quelques heures ou toute la nuit jusqu'à ce qu'il soit ferme.

Pour le dessus :

- Coupez grossièrement la base de savon glycériné transparente et placez les morceaux obtenus dans un récipient en verre ou en plastique.
- Placez le récipient dans une casserole à moitié remplie d'eau. Faites chauffer l'eau jusqu'à ce que le savon commence à fondre dans le fond du récipient. Couvrez la casserole contenant et réduisez le feu au minimum.
- Lorsque le savon est complètement fondu, ajoutez l'huile parfumée et le colorant. Remuez doucement pour éviter la formation de bulles d'air.
- Essuyez ou pulvérisez la surface de la base de savon à la noix de coco avec l'hamamélis. Versez le savon glycériné par-dessus. Agitez doucement le moule pour répartir uniformément le mélange sur la base. Laissez reposer.
- Démoulez le pain obtenu et coupez-le en savonnettes.
- Laissez-les sécher dans un endroit bien aéré pendant au moins quatre semaines avant de vous en servir.

Buck's fizz

Je vous recommande d'utiliser ce délicieux savon parfumé à l'orange dans un bain moussant (voir page 72). Laissez les perles de bain agir dans l'eau de votre bain puis relaxez-vous avec la mousse onctueuse de ce savon crémeux au beurre de mangue.

Caractéristiques

Riche et crémeux à petites bulles.

Ingrédients

340 g d'huile de coco
283,5 g d'huile de palme
226 g d'huile d'olive
58 g d'huile de noyaux d'abricots
58 g de beurre de mangue
131 g de soude
340 g d'eau
1/2 cuillerée à café de pigment orange dilué
1/2 cuillerée à café d'huile essentielle d'orange
1/2 cuillerée à café d'huile essentielle de May Chang

Équipement

Une casserole en émail ou en inox
Des lunettes de protection
Des gants en caoutchouc
Une spatule en plastique
2 thermomètres en verre
Un bac en plastique ou un moule
Une couverture
Un couteau tranchant ou un fil à couper le beurre

Méthode

- Mélangez les huiles de base et le beurre de mangue dans une casserole en émail ou en inox et faites fondre à feu doux.
- Mettez vos lunettes de protection et enfilez vos gants en caoutchouc. Ajoutez la soude à l'eau et remuez.
- Placez un thermomètre en verre dans le mélange de graisses végétales et l'autre dans la solution caustique. Lorsque la température de chacun des mélanges atteint 49 °C, versez la solution caustique sur le mélange de graisses végétales et remuez à l'aide d'une spatule en plastique.
- Graissez votre moule.
- À l'apparition de la trace légère (reportez-vous à la page 27), ajoutez le colorant et remuez jusqu'à ce que la pâte soit homogène.
- Mélangez les huiles essentielles puis ajoutez-les à la pâte et remuez.
- Versez la préparation dans le moule et couvrez à l'aide d'une couverture.
- Laissez reposer pendant 48 heures ou jusqu'à ce que le savon soit dur.
- Démoulez le savon et coupez-le en savonnettes à l'aide d'un couteau tranchant ou d'un fil à couper le beurre.
- Laissez sécher pendant quatre semaines avant de vous en servir.

Vodka on the rocks

L'un des plus grands avantages avec les bases de savon glycériné transparentes, c'est que l'on peut introduire toutes sortes d'éléments amusants à l'intérieur des savons. Dans cette recette, j'ai versé la préparation sur des restes de savons épaissis à froid et des petits éléphants roses en plastique trouvés dans un magasin de perles.

Caractéristiques
Facile à faire et magnifiques morceaux.

Ingrédients
Des restes de savons épaissis à froid ou la moitié d'un savon acheté dans le commerce
1 kg de base de savon glycériné transparente
1 cuillerée à café d'huile parfumée ou d'huile essentielle de votre choix

Équipement
Un couteau tranchant
Un récipient en verre ou en plastique
Une casserole en émail ou en inox
Une spatule en plastique
Un récipient carré en plastique ou un moule de votre choix
Une baguette ou une brochette en bois

Méthode
- Coupez les savon épaissis à froid en cubes de 1 cm. Coupez grossièrement la base de savon et placez le tout dans un récipient en verre ou en plastique.
- Placez le récipient dans une casserole à moitié remplie d'eau.
- Faites chauffer l'eau jusqu'à ce que le savon commence à fondre dans le fond du récipient. Couvrez la casserole et réduisez le feu au minimum.
- Lorsque le savon est complètement fondu, ajoutez l'huile essentielle ou parfumée. Remuez doucement pour éviter la formation de bulles d'air.

Versez le savon fondu dans le moule. Pendant qu'il est encore liquide, ajoutez progressivement les cubes de savon épaissi à froid et les éléphants en plastique. Enfoncez-les doucement dans la pâte à l'aide d'une baguette ou d'une brochette en bois de façon à les répartir dans le savon et pas uniquement les positionner à la surface. Laissez reposer.
- Démoulez le savon et coupez-le en savonnettes, en prenant garde de contourner les éléphants !

Entrées

La plupart des plantes et des fruits les plus appétissants sont bénéfiques pour la peau. Dans ces recettes, je me suis donc efforcée d'équilibrer couleurs, arômes succulents et substances nourrissantes pour la peau. Vous pouvez rendre vos savons encore plus attrayants en leur donnant de jolies formes et en introduisant plantes, fruits, pétales ou graines séchés à la surface de la pâte avant qu'elle ne se solidifie.

Pastèque rafraîchissante

Des odeurs extraordinaires de melon se dégagent parfois des marchés. Ce genre de parfum est idéal dans un savon pour retrouver une sensation fruitée. Si vous préférez le melon cantaloup à la pastèque, utilisez un colorant orange à la place du rouge. Les perfectionnistes feront eux-mêmes sécher leurs pépins de melon tandis que d'autres utiliseront des graines décoratives.

Caractéristiques

De grande taille et fruité.

Ingrédients

1 kg de base de savon glycériné transparente
1 cuillerée à café d'huile parfumée au melon
Colorant alimentaire liquide de couleur rouge
Une poignée de graines noires séchées

Équipement

Un couteau tranchant
Un récipient en verre ou en plastique
Une casserole en émail ou en inox
Une spatule en plastique
Un moule en demi-cercle
Une baguette ou une brochette en bois

Méthode

- Coupez grossièrement la base de savon glycériné et placez les morceaux obtenus dans un récipient en verre ou en plastique. Posez le récipient dans une casserole à moitié remplie d'eau. Faites chauffer l'eau jusqu'à ce que le savon commence à fondre dans le fond du récipient.
- Couvrez la casserole et réduisez le feu au minimum. Lorsque le savon est complètement fondu, ajoutez le parfum puis cinq ou six gouttes de colorant. Remuez avec la spatule doucement pour éviter la formation de bulles d'air.
- Versez le savon dans le moule. Pendant qu'il est encore à moitié liquide, disposez une rangée de graines au milieu et laissez-les s'enfoncer doucement. Si une peau s'est formée à la surface du savon, immergez les graines à l'aide d'une baguette ou d'une brochette en bois. Laissez reposer. Si vous ne pouvez pas attendre, mettez-le au réfrigérateur.
- Lorsque le savon est dur, démoulez-le en retournant le moule. Coupez-le en formes de demi-lunes et lissez les angles éventuellement rugueux à l'aide d'un couteau tranchant.

Algues apéritives

Les algues se trouvent dans n'importe quelle épicerie asiatique ou boutique de produits diététiques. Vous pouvez aussi ramasser du goémon sur une plage et le suspendre pour le faire sécher. Les herboristeries proposent également du varech en poudre qui produit une belle couleur verte naturelle. Il dégage une forte odeur qui s'affaiblit progressivement. Les algues améliorent la qualité et la couleur de la peau et sont naturellement très décoratives à l'intérieur des savons.

Caractéristiques
Asiatique à tous points de vue.

Ingrédients
400 g d'huile de coco
400 g d'huile d'olive
200 g d'huile végétale
58 g de cire d'abeille
153 g de soude
396 g d'eau
1 cuillerée à café d'huile essentielle de romarin
1 cuillerée à café d'huile essentielle de lavande
1 cuillerée à soupe de varech
Brins d'algues sèches

Équipement
Une casserole en émail ou en inox
Des lunettes de protection
Une spatule en plastique
2 thermomètres en verre
Un bac en plastique ou un moule
Une couverture
Un couteau tranchant ou un fil à couper le beurre

Méthode
- Mélangez les huiles de base et la cire d'abeille dans une casserole en émail ou en inox et faites fondre à feu doux.
- Mettez vos lunettes de protection et enfilez vos gants en caoutchouc. Ajoutez la soude à l'eau et remuez.
- Placez un thermomètre en verre dans le mélange de graisses végétales et l'autre dans la solution caustique. Lorsque la température de chacun des mélanges atteint 49 °C, versez la solution caustique sur le mélange de graisses végétales et remuez à l'aide d'une spatule en plastique. Graissez votre moule.
- À l'apparition de la trace légère (reportez-vous à la page 27), ajoutez les huiles essentielles (préalablement mélangées) et le varech et remuez jusqu'à ce que la pâte soit homogène.
- Versez la préparation dans le moule puis disposez quelques algues séchées à la surface. Couvrez le savon à l'aide d'une couverture. Laissez reposer jusqu'à ce que le savon soit dur.
- Démoulez le savon et coupez-le en savonnettes à l'aide d'un couteau tranchant ou d'un fil à couper le beurre. Laissez sécher dans un endroit bien aéré pendant quatre semaines avant de vous en servir.

Sushi

Tous les amateurs de cuisine japonaise savent que les meilleurs sushi sont préparés à base d'ingrédients crus. Pour respecter la tradition, je ne donnerai pas de recette précise pour ce savon mais simplement quelques idées. Vous aurez besoin d'un bac en plastique et d'emporte-pièce de différentes formes pour la fabrication de ce savon.

Au fur et à mesure que vous progresserez dans l'art de la savonnerie, vous remarquerez qu'après avoir versé la pâte dans le moule, il vous reste inévitablement du savon que vous n'avez pas la place de mettre dans votre moule. Les quantités restantes ne justifient pas l'usage d'un autre moule et sont trop importantes pour être jetées. Et de toute façon, il faudra bien que vous vous en débarrassiez pour nettoyer votre casserole.

La solution consiste à garder un bac en plastique à proximité lorsque vous préparez une nouvelle casserole et à rajouter ainsi une nouvelle couche de savon à chaque fois. Vous obtiendrez ainsi un savon intéressant aux couleurs et aux senteurs multiples que vous pourrez couper dans des formes et des tailles différentes pour l'offrir à vos invités.

Pour couper le savon, utilisez des emporte-pièce, une lame ou un couteau tranchant. Décorez le dessus avec des algues, par exemple, que vous fixerez avec un peu de savon fondu. Vous pouvez aussi envelopper vos savons dans des feuilles et les nouer avec du raphia. Disposés dans un panier en bambou, ces petits savons deviendront ainsi d'excellents cadeaux pour vos amis.

Vous obtiendrez les meilleurs « savons sushi » en associant des restes de savon aux algues, de Buck's fizz et de savon blanc velouté naturel. Ajoutez une touche de pigment noir pour parfaire le tout. Avant de verser une nouvelle couche de savon épaissi à froid sur la couche précédente reposée, rainurez le dessus à l'aide d'une fourchette et humidifiez-la légèrement pour que les différentes couches adhèrent bien entre elles. Si vous fabriquez votre savon à partir d'une base de savon glycériné, passez la surface de chaque couche à l'hamamélis afin qu'elles adhèrent bien entre elles.

Aspic de coquillages

Ce savon à base de glycérine contient des éléments ramassés sur une plage. J'ai fait séché le goémon pendant plusieurs semaines jusqu'à ce que les poches d'humidité disparaissent, mais vous pouvez vous procurer des algues séchées. Les petits coquillages ont été soigneusement bouillis avant utilisation. Quant au moule, j'ai utilisé un moule à gateau rectangulaire dont la contenance était parfaite pour un pain de savon de 1 kg. Et pourquoi ne pas ajouter de petits poissons ou des crevettes en plastique ?

Caractéristiques

Excellent centre de table pour un dîner.

Ingrédients

1 kg de base de savon glycériné transparente
1 cuillerée à café d'huile essentielle de bois de rose
Colorant alimentaire liquide de couleur verte
Une poignée d'algues séchées
Une poignée de coques

Équipement

Un couteau tranchant
Un récipient en verre ou en plastique
Une spatule en plastique
Un moule de votre choix
Un cure-dent
Une casserole
Un moule

Méthode

- Coupez grossièrement la base de savon glycériné et placez les morceaux obtenus dans un récipient en verre ou en plastique. Posez le récipient dans une casserole à moitié remplie d'eau. Faites chauffer l'eau jusqu'à ce que le savon commence à fondre dans le fond du récipient. Couvrez la casserole et réduisez le feu au minimum.
- Lorsque le savon est complètement fondu, ajoutez l'huile essentielle ou le parfum puis deux ou trois gouttes de colorant. Remuez doucement pour éviter la formation de bulles d'air.
- Versez le savon dans le moule. Pendant qu'il est encore à moitié liquide, disposez les algues et les coquillages à la surface et laissez-les s'enfoncer doucement. Si une peau s'est formée à la surface du savon, immergez doucement les algues et les coquillages à l'aide d'un cure-dent.
- Laissez reposer. (Si vous ne pouvez pas attendre, mettez-le au réfrigérateur.)
- Lorsque le savon est dur, démoulez-le en retournant le moule. Lissez les angles éventuellement rugueux à l'aide d'un couteau tranchant.
- Lorsque tout le monde aura contemplé votre centre de table, coupez-le en tranches.

Crème d'avocat

Ce savon associe les bienfaits hydratants de l'huile d'avocat à la texture ferme produite par le beurre de karité. J'ai utilisé de l'huile essentielle de melaleuca citronnée comme parfum, bien qu'elle soit assez coûteuse. L'huile essentielle de mélisse est un bon substitut mais vous pouvez aussi opter pour de l'huile de citron à laquelle vous ajouterez un peu de kaolin pour stabiliser son parfum dans le savon.

Caractéristiques

Riche, crémeux et hydratant.

Ingrédients

400 g d'huile de coco
400 g d'huile végétale
200 g d'huile d'avocat
8 g de beurre de karité
156 g de soude
378 g d'eau
2 cuillerées à café d'huile essentielle de melaleuca citronnée
1/2 cuillerée à café d'huile essentielle de May Chang
1 cuillerée à café d'argile cosmétique verte

Équipement

Une casserole en émail ou en inox
Des lunettes de protection
Des gants en caoutchouc
Une spatule en plastique
2 thermomètres en verre
2 récipients en verre ou en plastique
Un bac en plastique ou un moule de votre choix
Une baguette ou une brochette en bois
Une couverture
Un couteau tranchant ou un fil à couper le beurre

Méthode

- Mélangez les huiles de base et le beurre de karité dans une casserole en émail ou en inox et faites fondre à feu doux.
- Mettez vos lunettes de protection et enfilez vos gants en caoutchouc. Ajoutez la soude à l'eau et remuez.
- Placez un thermomètre en verre dans le mélange de graisses végétales et l'autre dans la solution caustique. Lorsque la température de chacun des mélanges atteint 49 °C, versez la solution caustique sur le mélange de graisses végétales et remuez à l'aide d'une spatule en plastique.
- Graissez votre moule.
- À l'apparition de la trace légère (reportez-vous à la page 27), ajoutez les huiles essentielles et remuez. Répartissez la pâte dans deux récipients différents. Ajoutez le colorant dans l'un des récipients et remuez jusqu'à ce que la pâte soit homogène.
- Versez la préparation dans le moule en alternant avec la préparation colorée pour obtenir un mélange de couleurs de bas en haut. Remuez doucement à l'aide d'une baguette ou d'une brochette en bois pour créer un effet marbré.
- Couvrez le savon à l'aide d'une couverture. Laissez reposer pendant 48 heures ou jusqu'à ce que le savon soit dur.
- Démoulez le savon et coupez-le en savonnettes à l'aide d'un couteau tranchant ou d'un fil à couper le beurre.

Laissez sécher pendant quatre semaines avant de vous en servir.

Crèmes aux herbes et aux fruits secs

La texture est importante dans la fabrication du savon. Vous obtiendrez des effets surprenants en ajoutant des herbes séchées, des graines ou des écorces d'agrumes. Si vous incorporez ces ingrédients à l'ensemble de votre préparation, vous obtiendrez un savon exfoliant. Sinon, répartissez votre pâte de façon égale dans deux récipients différents. Mélangez les additifs naturels puis versez les deux pâtes l'une après l'autre dans votre moule. Vous obtiendrez ainsi un savon à double usage, exfoliant d'un côté et doux comme de la soie de l'autre.

Crème à l'églantine et au gingembre

Le parfum chaleureux du gingembre se mêle à l'ylang-ylang, aux églantines et à l'huile de cynorhodon. Une touche de beurre de cacao aidera votre peau à lutter contre le vieillissement cutané.

Caractéristiques

Superbement tacheté, à bulles crémeuses et hydratantes.

Ingrédients

400 g d'huile de coco
200 g d'huile végétale
300 g d'huile d'olive
100 g d'huile de cynorhodon
58 g de beurre de cacao
156 g de soude
396 g d'eau
1 cuillerée à café d'huile de vitamine E
1 cuillerée à café d'huile essentielle de gingembre
1 cuillerée à café d'huile essentielle d'ylang-ylang
Une poignée d'églantines séchées

Équipement

Une casserole en émail ou en inox
Des lunettes de protection
Des gants en caoutchouc
Une spatule en plastique
2 thermomètres en verre
Un bac en plastique ou un moule
Une couverture
Un couteau tranchant
ou un fil à couper le beurre

Méthode

- Mélangez l'huile de coco, l'huile végétale, l'huile d'olive, l'huile de cynorhodon et le beurre de cacao dans une casserole en émail ou en inox et faites fondre à feu doux.
- Mettez vos lunettes de protection et enfilez vos gants en caoutchouc. Ajoutez la soude à l'eau et remuez.
- Placez un thermomètre en verre dans le mélange de graisses végétales et l'autre dans la solution caustique. Lorsque la température de chacun des mélanges atteint 49 °C, versez la solution caustique sur le mélange de graisses végétales et remuez à l'aide d'une spatule en plastique.
- Graissez votre moule.
- À l'apparition de la trace légère (reportez-vous à la page 27), ajoutez l'huile de vitamine E.
- Mélangez les huiles essentielles à part puis ajoutez-les à la pâte et remuez.
- Éparpillez les églantines séchées, en poudre et mélangez jusqu'à ce que la pâte soit uniforme.
- Versez la pâte dans le moule. Couvrez à l'aide d'une couverture et laissez reposer pendant 48 heures ou jusqu'à ce que le savon soit dur.
- Démoulez le savon et coupez-le en savonnettes à l'aide d'un couteau tranchant ou d'un fil à couper le beurre.
- Laissez sécher pendant quatre semaines avant de vous en servir.

Crème à l'oseille, à l'ortie et à la citronnelle

Ce mélange d'herbes crée un savon à la fois vivifiant et apaisant excellent pour les peaux sensibles. La vitamine E et le benjoin sont ajoutés pour conserver le mélange de feuilles d'oseille fraîches.

Caractéristiques

À la fois doux et exfoliant. Bulles crémeuses et rafraîchissantes.

Ingrédients

400 g d'huile de coco
300 g d'huile de palme
100 g d'huile d'olive
200 g d'huile végétale
28 g de cire d'abeille blanche
3 feuilles d'oseille de taille moyenne
385 g d'eau
153 g de soude
1 cuillerée à café d'huile de vitamine E
1 cuillerée à café de benjoin
10 g de mélange d'orties séchées et de citronnelle séchée
1 cuillerée à soupe d'huile essentielle de citronnelle

Équipement

Une casserole en émail ou en inox
Un mixeur
Un récipient en verre ou en plastique
Des lunettes de protection
Des gants en caoutchouc
2 thermomètres en verre
Une spatule en plastique
Un bac en plastique ou un moule de votre choix
Une couverture
Un couteau tranchant ou un fil à couper le beurre

Méthode

- Mélangez l'huile de coco, l'huile de palme, l'huile d'olive, l'huile végétale et la cire d'abeille dans une casserole en émail ou en inox et faites fondre à feu doux.
- Mixez les feuilles d'oseille avec 150 g d'eau jusqu'à obtention d'une fine pulpe. Versez le mélange dans un récipient contenant le reste d'eau.
- Mettez vos lunettes de protection et vos gants en caoutchouc. Ajoutez la soude au mélange d'oseille et d'eau et remuez.

Placez un thermomètre en verre dans le mélange de graisses végétales et l'autre dans la solution caustique. Lorsque la température de chacun des mélanges atteint 49 °C, versez la solution caustique sur le mélange de graisses végétales et remuez à l'aide d'une spatule en plastique.

- Graissez votre moule.

À l'apparition de la trace légère (reportez-vous à la page 27), ajoutez l'huile de vitamine E et le benjoin. Incorporez ensuite le mélange d'orties et de citronnelle séchées, puis l'huile essentielle de citronnelle. Remuez jusqu'à saponification complète et versez la préparation dans les moules.

- Couvrez le savon à l'aide d'une couverture et laissez reposer pendant 48 heures ou jusqu'à ce que le savon soit dur. Démoulez le savon et coupez-le en savonnettes à l'aide d'un couteau tranchant ou d'un fil à couper le beurre. Laissez sécher pendant quatre semaines avant de vous en servir.

Pain aux noix et à l'orange

Un vrai délice épicurien. L'huile de noix est très riche. Si vous le souhaitez, vous pouvez la remplacer par de l'huile de noyaux d'abricots. L'ajout de flocons d'avoine dépend de la texture que vous désirez donner à votre savon : granuleuse ou douce comme de la soie.

Caractéristiques

Riche et légèrement astringent.

Ingrédients

400 g d'huile de coco
400 g d'huile de palme
100 g d'huile d'olive
100 g d'huile de noix
151 g de soude
375 g d'eau
2 cuillerées à café d'huile de vitamine E
1 cuillerée à soupe d'huile essentielle de bergamote
2 cuillerées à soupe de flocons d'avoine finement moulus
4 gouttes de pigment cosmétique orange dilué

Équipement

Une casserole en émail ou en inox
Des lunettes de protection
Des gants en caoutchouc
2 thermomètres en verre
Une spatule en plastique
Un bac en plastique ou un moule de votre choix
Une couverture
Un couteau tranchant ou un fil à couper le beurre
Une baguette ou une brochette en bois

Méthode

- Mélangez l'huile de coco, l'huile de palme, l'huile d'olive et l'huile de noix dans une casserole en émail ou en inox et faites fondre à feu doux.
- Mettez vos lunettes de protection et enfilez vos gants en caoutchouc. Ajoutez la soude à l'eau et remuez.
- Placez un thermomètre en verre dans le mélange d'huiles végétales et l'autre dans la solution caustique. Lorsque la température de chacun des mélanges atteint 49 °C, versez la solution caustique sur le mélange d'huiles végétales et remuez à l'aide d'une spatule en plastique.
- Graissez votre moule.
- À l'apparition de la trace légère (reportez-vous à la page 27), ajoutez l'huile de vitamine E et l'huile essentielle et mélangez bien. Répartissez la pâte dans deux récipients différents. Ajoutez les flocons d'avoine dans l'un et le colorant dans l'autre. Mélangez bien.

Versez successivement les deux pâtes de savon dans votre moule et brassez à l'aide d'une baguette ou d'une brochette en bois.

Couvrez le savon à l'aide d'une couverture et laissez reposer pendant 48 heures ou jusqu'à ce que le savon soit presque dur.

Démoulez le savon et coupez-le en savonnettes à l'aide d'un couteau tranchant ou d'un fil à couper le beurre. Laissez sécher pendant quatre semaines avant de vous en servir.

Crème de lavande

Aucune senteur n'éveille aussi bien les sens que l'arôme frais de la lavande. Dans cette recette, elle est brassée avec du beurre de cacao et une goutte d'huile essentielle d'onagre pour former un savon d'une douceur estivale.

Caractéristiques

Un véritable savon de rêve, rafraîchissant et relaxant, aux innombrables bulles crémeuses.

Ingrédients

350 g d'huile de coco
250 g d'huile de palme
350 g d'huile végétale
28 g de beurre de cacao
151 g de soude
367 g d'eau
50 g d'huile essentielle d'onagre
1 cuillerée à soupe d'huile essentielle de lavande
2 cuillerées à soupe de pigment mauve dilué
Des fleurs de lavande séchées

Équipement

Une casserole en émail ou en inox
Des lunettes de protection
Des gants en caoutchouc
2 thermomètres en verre
Une spatule en plastique
Un bac en plastique ou un moule de votre choix
Une baguette ou une brochette en bois
Une couverture
Un couteau tranchant ou un fil à couper le beurre

Méthode

- Mélangez l'huile de coco, l'huile de palme, l'huile végétale et le beurre de cacao dans une casserole en émail ou en inox et faites fondre à feu doux.
- Mettez vos lunettes de protection et enfilez vos gants en caoutchouc. Ajoutez la soude à l'eau et remuez.
- Placez un thermomètre en verre dans le mélange de graisses végétales et l'autre dans la solution caustique. Lorsque la température de chacun des mélanges atteint 49 °C, versez la solution caustique sur le mélange de graisses végétales et remuez à l'aide d'une spatule en plastique.
- Graissez votre moule.
- À l'apparition de la trace légère (reportez-vous à la page 27), ajoutez l'huile d'onagre et l'huile essentielle et mélangez bien.
- Répartissez la pâte dans deux récipients différents. Ajoutez le colorant dans l'un des deux récipients.
- Versez successivement les deux pâtes de savon dans votre moule et brassez à l'aide d'une baguette ou d'une brochette en bois pour créer un effet marbré.

- Fixez les fleurs de lavande à la surface du savon pendant qu'il est encore mou.
- Couvrez à l'aide d'une couverture et laissez reposer pendant 48 heures ou jusqu'à ce que le savon soit dur.
- Démoulez le savon et coupez-le en savonnettes à l'aide d'un couteau tranchant ou d'un fil à couper le beurre. Laissez sécher pendant quatre semaines avant de vous en servir.

Salades

Depuis que je suis devenue végétarienne il y a trois ans, j'espère ne pas avoir déçu certains lecteurs en écartant de mes recettes suif, saindoux et huile d'émeu. Heureusement, il est possible de fabriquer de magnifiques produits de soin pour la peau avec les ressources naturelles de la terre.

Olive, mangue et jojoba

Vous pouvez utiliser ce savon comme un shampooing car il est très riche en huiles nourrissantes pour les cheveux. Il améliore également le teint. Si vous utilisez ce savon comme shampooing, ajoutez 1 cuillerée à soupe de jus de citron ou de vinaigre de cidre au dernier rinçage.

Caractéristiques

Riche, crémeux et fruité.

Ingrédients

200 g d'huile de palme
800 g d'huile d'olive
28 g de cire d'abeille jaune
1 cuillerée à soupe de beurre de mangue
138 g de soude
369 g d'eau
2 cuillerées à café d'huile parfumée à la mangue
2 cuillerées à café d'huile essentielle de jojoba
1 cuillerée à café de pigment cosmétique orange dilué

Équipement

Une casserole en émail ou en inox
Des lunettes de protection
Des gants en caoutchouc
Une spatule en plastique
2 thermomètres en verre
Un bac en plastique ou un moule
Une baguette ou une brochette en bois
Un couteau tranchant ou un fil à couper le beurre

Méthode

- Mélangez l'huile de palme, l'huile d'olive, la cire d'abeille et le beurre de mangue dans une casserole en émail ou en inox et faites fondre à feu doux.
- Mettez vos lunettes de protection et enfilez vos gants en caoutchouc. Ajoutez l'hydroxyde de sodium (soude) à l'eau et remuez.
- Placez un thermomètre en verre dans le mélange de graisses végétales et l'autre dans la solution caustique. Lorsque la température de chacun des mélanges atteint 49 °C, versez la solution caustique sur le mélange de graisses végétales et remuez à l'aide d'une spatule en plastique.
- Graissez votre moule.
- À l'apparition de la trace légère (reportez-vous à la page 27), ajoutez l'huile parfumée et l'huile essentielle et mélangez bien.
- Répartissez la pâte dans deux récipients différents.
- Ajoutez le colorant dans l'un des deux récipients.
- Versez successivement les deux pâtes dans le moule et brassez à l'aide d'une baguette ou d'une brochette en bois pour créer un effet marbré.
- Laissez reposer jusqu'à ce que le savon soit dur.

Démoulez le savon et coupez-le en savonnettes à l'aide d'un couteau tranchant ou d'un fil à couper le beurre.
- Laissez sécher pendant quatre semaines avant de vous en servir.

Salade à la carotte, à l'orange et à la poire

Voici un autre savon rafraîchissant contenant un colorant naturel. Enrichi au beurre de cacao, j'ai mêlé sa délicieuse douceur à la senteur « épineuse » d'une huile parfumée à la poire.

Caractéristiques

Nourrissant, à bulles crémeuses.

Ingrédients

500 g d'huile de palme
500 g d'huile d'olive
20 g de beurre de cacao
130 g de soude
375 g d'eau
1 cuillerée à café de carotène liquide
2 cuillerées à café d'huile parfumée à la poire

Équipement

Une casserole en émail ou en inox
Des lunettes de protection
Des gants en caoutchouc
Une spatule en plastique
2 thermomètres en verre
Un bac en plastique ou un moule de votre choix
Un couteau tranchant ou un fil à couper le beurre

Méthode

- Mélangez l'huile de palme, l'huile d'olive et le beurre de cacao dans une casserole en émail ou en inox et faites fondre à feu doux.
- Mettez vos lunettes de protection et enfilez vos gants en caoutchouc. Ajoutez la soude à l'eau et remuez.
- Placez un thermomètre en verre dans le mélange de graisses végétales et l'autre dans la solution caustique. Lorsque la température de chacun des mélanges atteint 49 °C, versez la solution caustique sur le mélange de graisses végétales et remuez à l'aide d'une spatule en plastique.
- Graissez votre moule. À l'apparition de la trace légère (reportez-vous à la page 27), ajoutez le carotène et l'huile parfumée et remuez.
- Versez la pâte dans le moule et laissez reposer jusqu'à ce que le savon soit dur.
- Démoulez le savon et coupez-le en savonnettes à l'aide d'un couteau tranchant ou d'un fil à couper le beurre. Laissez sécher pendant quatre semaines avant de vous en servir.

Ci-contre : Olive, mangue et jojoba et Salade à la carotte, à l'orange et à la poire.

Crème d'épinards au laurier

Les épinards en poudre constituent un bon colorant naturel disponible dans les herboristeries.

Caractéristiques

Satiné, nourrissant et antiseptique.

Ingrédients

350 g d'huile de coco
350 g d'huile de palme
200 g d'huile végétale
100 g d'huile d'olive
155 g de soude
365 g d'eau
1 cuillerée à soupe d'épinards en poudre
1 cuillerée à café d'huile de vitamine E
2 cuillerées à café d'huile essentielle de laurier

Équipement

Une casserole en émail ou en inox
Des lunettes de protection
Des gants en caoutchouc
2 thermomètres en verre
Une spatule en plastique
Un bac en plastique ou un moule de votre choix
Un couteau tranchant ou un fil à couper le beurre

Méthode

- Mélangez l'huile de coco, l'huile de palme, l'huile végétale et l'huile d'olive dans une casserole et faites fondre à feu doux.
- Mettez vos lunettes de protection et enfilez vos gants en caoutchouc. Ajoutez la soude à l'eau et remuez.
- Placez un thermomètre en verre dans le mélange d'huiles végétales et l'autre dans la solution caustique. Lorsque la température de chacun des mélanges atteint 49 °C, versez la solution caustique sur le mélange d'huiles végétales et remuez à l'aide d'une spatule en plastique.
- Graissez votre moule. À l'apparition de la trace (reportez-vous à la page 27), ajoutez les épinards en poudre préalablement mêlés à un peu de pâte prélevée de votre casserole. Puis, ajoutez l'huile de vitamine E et l'huile essentielle et remuez.
- Versez la pâte dans le moule et laissez reposer jusqu'à ce que le savon soit dur.
- Démoulez le savon et coupez-le en savonnettes. Laissez sécher pendant quatre semaines avant de vous en servir.

Pain aux olives, au son et aux flocons d'avoine

Les flocons d'avoine et le son constituent des exfoliants parfaits

Caractéristiques

Nourrissant et exfoliant.

Ingrédients

400 g d'huile de coco
350 g d'huile de palme
250 g d'huile d'olive
158 g de soude
365 g d'eau
1 cuillerée à café d'huile de germe de blé
1 cuillerée à café d'huile de vitamine E
3 cuillerées à soupe de flocons d'avoine
3 cuillerées à soupe de son
2 cuillerées à café d'huile essentielle de votre choix

Équipement

Une casserole en émail ou en inox
Des lunettes de protection
Des gants en caoutchouc
2 thermomètres en verre
Une spatule en plastique
Un bac en plastique ou un moule
Un couteau tranchant ou un fil à couper le beurre

Méthode

- Mélangez l'huile de coco, l'huile de palme et l'huile d'olive dans une casserole en émail ou en inox et faites fondre à feu doux.
- Mettez vos lunettes de protection et enfilez vos gants en caoutchouc. Ajoutez la soude à l'eau et remuez.
- Placez un thermomètre en verre dans le mélange d'huiles végétales et l'autre dans la solution caustique. Lorsque la température de chacun des mélanges atteint 49 °C, versez la solution caustique sur le mélange d'huiles végétales et remuez à l'aide d'une spatule en plastique.
- Graissez votre moule. À l'apparition de la trace légère (reportez-vous à la page 27), ajoutez l'huile de germe de blé et l'huile de vitamine E et remuez. Puis, ajoutez les flocons d'avoine et le son et mélangez. Enfin, ajoutez l'huile essentielle.
- Versez la pâte dans le moule et laissez reposer jusqu'à ce que le savon soit dur.
- Démoulez le savon et coupez-le en savonnettes. Laissez sécher pendant quatre semaines avant de vous en servir.

Page ci-contre : Crème d'épinards au laurier et Pain aux olives, au son et aux flocons d'avoine.

Vinaigrette

Un savon extra doux. Le vinaigre rend le savon plus doux, la moutarde purifie la peau et le sucre améliore la qualité de la mousse.

Caractéristiques

Riche, velouté et fruité.

Ingrédients

130 g d'huile d'olive
100 g de beurre de karité
145 g de soude
412 g d'eau
1 cuillerée à soupe de sucre dissout dans 3 cuillerées à soupe et demie d'eau (prélevée de la quantité prévue pour la recette).
2 cuillerées à soupe de moutarde en poudre
2 cuillerées à café de vinaigre de cidre
1 cuillerée à soupe de graines de moutarde
1 cuillerée à café d'huile essentielle de lavande
1 cuillerée à café d'huile essentielle de romarin

Équipement

Une casserole en émail ou en inox
Des lunettes de protection
Des gants en caoutchouc
Une spatule en plastique
2 thermomètres en verre
Un bac en plastique ou un moule de votre choix
Un couteau tranchant ou un fil à couper le beurre

Méthode

- Mélangez l'huile d'olive et le beurre de karité dans une casserole en émail ou en inox et faites fondre à feu doux.
- Mettez vos lunettes de protection et enfilez vos gants en caoutchouc. Ajoutez la soude à l'eau et remuez.
- Placez un thermomètre dans le mélange de graisses végétales et l'autre dans la solution caustique. Lorsque la température de chacun des mélanges atteint 49 °C, versez la solution caustique sur le mélange de graisses végétales et remuez à l'aide d'une spatule.
- Graissez votre moule. À l'apparition de la trace (reportez-vous à la page 27), ajoutez le mélange de sucre et d'eau, la moutarde en poudre, le vinaigre de cidre et les graines de moutarde et remuez. Ajoutez les huiles essentielles et mélangez de nouveau.
- Versez la pâte dans le moule et laissez reposer jusqu'à ce que le savon soit dur. Démoulez le savon et coupez-le en savonnettes. Laissez sécher pendant quatre semaines avant de vous en servir.

Palmiste au curcuma

Ce savon raffiné à base d'huile de palmiste est coloré avec un mélange de curcuma naturel et de chlorophylle liquide.

Caractéristiques

Rafraîchissant, à petites bulles, légèrement astringent.

Ingrédients

500 g d'huile de palmiste
500 g d'huile d'olive
1/2 cuillerée à café de curcuma liquide
1/2 cuillerée à café de chlorophylle liquide
145 g de soude
375 g d'eau
2 cuillerées à café d'huile parfumée au concombre

Équipement

Une casserole en émail ou en inox
Des lunettes de protection
Des gants en caoutchouc
Une spatule en plastique
2 thermomètres en verre
Un bac en plastique ou un moule de votre choix
Un couteau tranchant ou un fil à couper le beurre

Méthode

- Mélangez l'huile de palme et l'huile d'olive dans une casserole en émail ou en inox et faites fondre à feu doux.
- Mélangez le curcuma et la chlorophylle.
- Mettez vos lunettes de protection et enfilez vos gants en caoutchouc. Ajoutez la soude à l'eau et remuez.
- Placez un thermomètre en verre dans le mélange d'huiles végétales et l'autre dans la solution caustique. Lorsque la température de chacun des mélanges atteint 49 °C, versez la solution caustique sur le mélange d'huiles végétales et remuez à l'aide d'une spatule en plastique.
- Graissez votre moule. À l'apparition de la trace légère (reportez-vous à la page 27), ajoutez le mélange de curcuma et de chlorophylle et remuez. Ajoutez l'huile parfumée et mélangez.
- Versez la pâte dans le moule et laissez reposer jusqu'à ce que le savon soit dur.
- Démoulez le savon et coupez-le en savonnettes à l'aide d'un couteau tranchant ou d'un fil à couper le beurre. Laissez sécher pendant quatre semaines avant de vous en servir.

Page ci-contre : Vinaigrette.

Pâtisserie

La pâtisserie est un art qui nécessite un juste équilibre entre ingrédients, couleurs et textures tout comme la fabrication du savon. La principale différence, c'est que la pâtisserie nourrit la peau de l'intérieur, tandis que le savon la nourrit de l'extérieur.

Feuilleté citron chocolat

La première fois que j'ai réalisé ce savon, la couche supérieure de chocolat s'est soulevée et légèrement fendillée. La probabilité que le nappage se craquelle était incontestable, ce qui n'a rien gâché au résultat final.

Caractéristiques

Texture crémeuse du chocolat et bulles rafraîchissantes du citron.

Ingrédients

- **quantités pour une couche**

175 g d'huile de coco
175 g d'huile végétale
150 g d'huile de palme
187,5 g d'eau
74 g de soude

- **pour les couches de chocolat**

100 g de cacao
1/2 cuillerée à café d'huile parfumée au chocolat

- **pour la couche de citron**

1 cuillerée à café d'huile parfumée au citron ou d'huile essentielle de citron
1 cuillerée à soupe de pigment vert dilué

Équipement

Une casserole en émail ou en inox
Un fouet
Des lunettes de protection
Des gants en caoutchouc
2 thermomètres en verre
Un bac en plastique ou un moule
Une spatule en plastique
Un couteau tranchant ou un fil à couper le beurre
Une couverture

Méthode

- Mélangez l'huile de coco, l'huile végétale et l'huile de palme dans une casserole en émail ou en inox et mélangez à feu doux.
- Ajoutez une petite quantité d'eau chaude au cacao et fouettez pour éliminer les grumeaux.
- Mettez vos lunettes de protection et enfilez vos gants en caoutchouc. Ajoutez la soude à l'eau et remuez.
- Placez un thermomètre en verre dans le mélange d'huiles végétales et l'autre dans la solution caustique. Lorsque la température de chacun des mélanges atteint 49 °C, versez la solution caustique sur le mélange d'huiles végétales et remuez à l'aide d'une spatule en plastique.
- Graissez votre moule.
- Pendant le refroidissement des mélanges, préparez la couche de citron dans une seconde casserole.
- À l'apparition de la trace légère dans le premier mélange (reportez-vous à la page 27), ajoutez l'huile parfumée au chocolat et remuez. Ajoutez le cacao et mélangez jusqu'à ce que la pâte soit homogène. Versez la pâte dans le moule.
- Ajoutez l'huile essentielle de citron et le colorant au second mélange. À l'apparition de la trace, versez la pâte sur la couche de chocolat. Laissez reposer pendant au moins deux heures.
- Préparez une deuxième casserole de chocolat en suivant les mêmes instructions et versez la pâte obtenue sur la couche de citron. Utilisez une spatule pour créer des vagues sur le dessus du savon comme avec un glaçage.
- Couvrez à l'aide d'une couverture et laissez reposer pendant 48 heures ou jusqu'à ce que le savon soit dur.
- Démoulez le savon et coupez-le en savonnettes à l'aide d'un couteau tranchant ou d'un fil à couper le beurre. Laissez sécher pendant quatre semaines avant de vous en servir.

Gâteau aux fruits de la passion

L'ajout d'églantine et de passiflore donne à ce savon de luxe une texture merveilleusement lisse et crémeuse tandis que l'huile essentielle d'ylang-ylang lui apporte une touche d'extravagance.

Caractéristiques

Dur au parfum tenace. Satiné, crémeux et nourrissant.

Ingrédients

458 g d'huile de coco
350 g d'huile de palme
177 g d'huile d'olive
160 g de soude
369 g d'eau
2 cuillerées à café d'huile de cynorhodon
1 cuillerée à café d'huile de passiflore
1 cuillerée à soupe d'huile essentielle d'ylang-ylang
1/2 cuillerée à café de pigment outremer moyen
Une pincée (recouvrez l'extrémité d'une cuillerée à café) de pigment rouge

Équipement

Une casserole en émail ou en inox
Des lunettes de protection
Des gants en caoutchouc
Une spatule en plastique
2 thermomètres en verre
Un bac en plastique ou un moule
2 récipients en verre ou en plastique
Une couverture
Un couteau tranchant ou un fil à couper le beurre

Méthode

- Mélangez l'huile de coco, l'huile de palme et l'huile d'olive dans une casserole en émail ou en inox et faites fondre à feu doux.
- Mettez vos lunettes de protection et enfilez vos gants en caoutchouc. Ajoutez la soude à l'eau et remuez.
- Placez un thermomètre en verre dans le mélange d'huiles végétales et l'autre dans la solution caustique. Lorsque la température de chacun des mélanges atteint 49 °C, versez la solution caustique sur le mélange d'huiles végétales et remuez à l'aide d'une spatule en plastique.
- Graissez un bac en plastique carré ou tapissez le fond d'une boîte en carton avec un sac poubelle en guise de moule.
- À l'apparition de la trace légère (reportez-vous à la page 27), ajoutez l'huile de cynorhodon, l'huile de passiflore et l'huile essentielle d'ylang-ylang. Remuez. Répartissez la pâte de façon égale dans deux récipients.
- Mélangez les pigments bleu et rouge. Ajoutez 3 cuillerées à soupe d'eau chaude et remuez.
- Versez les colorants ainsi dilués dans l'un des récipients et mêlez soigneusement à la pâte.
- Versez la seconde moitié de pâte dans le moule et réservez.
- Continuez à remuer la pâte colorée jusqu'à saponification complète.
- Versez-la doucement dans le moule sur la seconde moitié de pâte.
- Couvrez à l'aide d'une couverture et laissez reposer pendant 48 heures ou jusqu'à ce que le savon soit dur.
- Démoulez le savon et coupez-le en savonnettes à l'aide d'un couteau tranchant ou d'un fil à couper le beurre.
- Laissez sécher pendant quatre semaines avant de vous en servir.

Page ci-contre : Gâteau aux fruits de la passion et Gâteau à la fraise et à la banane.

Gâteau à la fraise et à la banane

Ce gâteau à la fraise et à la banane résulte d'un mélange de savons issus de la méthode à froid et du procédé de fonte. Pour que ce dernier ressemble davantage à un biscuit de Savoie, ajoutez des morceaux de luffa au mélange à la banane.

Caractéristiques

Fruité, crémeux, mousse abondante, mais certainement pas comestible !

Ingrédients

● pour le savon à la banane
350 g d'huile de coco
300 g d'huile de palme
350 g d'huile végétale
148 g de soude
375 g d'eau
175 g de lait de chèvre (légèrement chauffé)
1 cuillerée à soupe de luffa moulu (éponge végétale)
1 cuillerée à soupe d'huile parfumée à la banane
1 cuillerée à soupe de rocou en poudre dilué
● pour le nappage
500 g de base de savon glycériné transparente
1/2 cuillerée à café d'huile parfumée à la fraise
Colorant alimentaire liquide de couleur rouge
Hamamélis

Équipement

Une casserole en émail ou en inox
Des lunettes de protection
Des gants en caoutchouc
Une spatule plastique
2 thermomètres en verre
Un fouet
Un moule en forme de banane
Un couteau tranchant
Un récipient en verre ou en plastique
Du film alimentaire
Un moule rectangulaire

Méthode

● Mélangez l'huile de coco, l'huile de palme et l'huile végétale dans une casserole en émail ou en inox et faites fondre à feu doux.
● Mettez vos lunettes de protection et enfilez vos gants en caoutchouc. Ajoutez la soude à l'eau et remuez.
● Placez un thermomètre en verre dans le mélange d'huiles végétales et l'autre dans la solution caustique. Lorsque la température de chacun des mélanges atteint 49 °C, versez la solution caustique sur le mélange d'huiles végétales. Ajoutez le lait de chèvre tiède. Remuez à l'aide d'une spatule en plastique. Le lait de chèvre à tendance à cailler. Si cela vous arrive, fouettez vivement. Par ailleurs, ne vous inquiétez pas de la couleur orange que prend la pâte ni de l'odeur d'ammoniaque qui se dégage. Ces deux phénomènes disparaissent rapidement pour laisser place à une belle pâte.
● À l'apparition de la trace légère (reportez-vous à la page 27), versez environ une demi-tasse de pâte dans un moule en forme de banane.
● Ajoutez le luffa (éponge végétale), l'huile parfumée à la banane et le rocou à la pâte restante et remuez soigneusement.
Versez dans le moule et laissez reposer pendant 48 heures environ.
● Lorsque le savon versé dans le moule en forme de banane est dur, démoulez-le et coupez-le en tranches. Pour un plus bel effet, faites des rainures à la surface de chaque tranche à l'aide d'un couteau tranchant pour évoquer une vraie tranche de banane.
● Pour réaliser le nappage à la fraise, coupez grossièrement la base de savon glycériné et placez les morceaux obtenus dans un récipient en verre ou en plastique.
● Placez le récipient dans une casserole à moitié remplie d'eau. Faites chauffer l'eau jusqu'à ce que le savon commence à fondre dans le fond du récipient. Couvrez la casserole et réduisez le feu au minimum. Lorsque le savon est complètement fondu, ajoutez l'huile parfumée à la fraise et le colorant rouge. Remuez doucement pour éviter la formation de bulles d'air.
● Passez la surface du savon à la banane à l'hamamélis puis versez le nappage à la fraise par-dessus. Enfin, disposez les tranches de banane. Laissez reposer.
● Démoulez le savon et coupez-le en savonnettes. Recouvrez-les de film alimentaire et laissez sécher pendant quatre semaines avant de vous en servir.

Crème de menthe poivrée

L'huile essentielle de menthe poivrée est l'une des rares à bien résister au processus de saponification. En revanche, en tant que puissant stimulant naturel, elle est contre-indiquée durant les quatre premiers mois de grossesse. En dehors de cette contre-indication, si vous souhaitez un savon particulièrement rafraîchissant et tonique, vous ne trouverez pas mieux.

Caractéristiques

Vivifiant, dur, au parfum tenace avec de grosses bulles.

Ingrédients

450 g d'huile de coco
450 g d'huile de palme
100 g d'huile d'olive
100 g de cire d'abeille blanche
160 g de soude
412 g d'eau
1 cuillerée à soupe d'huile essentielle de menthe poivrée
1/2 cuillerée à café d'oxyde de chrome

Équipement

Une casserole en émail ou en inox
Des lunettes de protection
Des gants en caoutchouc
Une spatule en plastique
2 thermomètres en verre
Un bac en plastique ou un moule
2 récipients en verre ou en plastique
Une baguette ou une brochette en bois
Une couverture
Un couteau tranchant ou un fil à couper le beurre

Méthode

- Mélangez l'huile de coco, l'huile de palme, l'huile d'olive et la cire d'abeille dans une casserole et faites fondre à feu doux.
- Mettez vos lunettes de protection et enfilez vos gants en caoutchouc. Ajoutez la soude à l'eau et remuez.
- Placez un thermomètre en verre dans le mélange de graisses végétales et l'autre dans la solution caustique. Lorsque la température de chacun des mélanges atteint 49 °C, versez la solution caustique sur le mélange de graisses végétales et remuez à l'aide d'une spatule en plastique.
- Graissez un bac en plastique carré ou tapissez le fond d'une boîte en carton avec un sac poubelle en guise de moule.
- À l'apparition de la trace légère (reportez-vous à la page 27), ajoutez l'huile essentielle et remuez. Répartissez la pâte de façon égale dans deux récipients. Ajoutez le colorant dilué dans l'un des récipients et mélangez jusqu'à ce que la pâte soit homogène.
- Versez successivement les pâtes dans le moule et brassez à l'aide d'une baguette ou d'une brochette en bois.
- Couvrez le savon à l'aide d'une couverture et laissez reposer pendant 48 heures ou jusqu'à ce que le savon soit dur.
- Démoulez le savon et coupez-le en savonnettes. Laissez sécher pendant quatre semaines avant de vous en servir.

Fantaisies de fleurs

L'avantage de la base de savon glycériné est la possibilité d'y introduire une grande variété d'objets. Ces petits savons-cadeaux ont été réalisés en 10 minutes en utilisant une boîte à biscuits vide en guise de moule. Vous pouvez également préparer ces savons dans de petits moules individuels à gelée ou verser votre préparation dans une barquette de forme allongée. Les fleurs sont en soie et elles conservent leurs couleurs vives.

Caractéristiques

Ces savons ravissants et décoratifs étonneront vos amis.

Ingrédients

1 kg de base de savon glycériné transparente
1 cuillerée à café d'huile parfumée ou essentielle de votre choix

Équipement

Un couteau tranchant ou un fil à couper le beurre
Une casserole en émail ou en inox
Un récipient en verre ou en plastique
Une spatule en plastique
Un bac en plastique ou un moule
6 fleurs en soie
Un cure-dent

Méthode

- Coupez grossièrement la base de savon glycériné et placez les morceaux obtenus dans un récipient en verre ou en plastique.
Placez le récipient dans une casserole à moitié remplie d'eau. Faites chauffer l'eau jusqu'à ce que le savon commence à fondre dans le fond du récipient. Couvrez la casserole et réduisez le feu. Lorsque le savon est complètement fondu, ajoutez votre huile essentielle ou parfumée. Remuez doucement pour éviter la formation de bulles d'air.
- Versez la pâte dans le moule. Équeutez les fleurs de façon à ce qu'aucune tige saillante ne puisse vous érafler. Pendant que la pâte est encore liquide, enfoncez délicatement une ou deux fleurs au centre de chaque savon à l'aide d'un cure-dent. Veillez à ce qu'elles soient totalement immergées.
- Laissez reposer. Lissez les angles éventuellement rugueux à l'aide d'un couteau tranchant.

Mosaïques de verres teintés

Ces savons astucieux ont été créés par la savonnière britannique Glenys Pople. Les micas colorés donnent aux morceaux de verre des reflets scintillants. La technique utilisée offre la possibilité d'utiliser des restes de savons glycérinés colorés.

Caractéristiques

Scintillants et multicolores. Magnifiques savons à placer dans votre salle de bains.

Ingrédients

1,6 kg de base de savon glycériné transparente
Mica blanc, doré, cuivre, glycine, cramoisi et saphir (recouvrez l'extrémité d'une cuillerée à café pour chacun)
pour la version blanche : 1/2 cuillerée à café de dioxyde de titane
pour la version noire : 1 cuillerée à café de dioxyde de titane et 1/2 cuillerée à café d'oxyde noir
1/2 cuillerée à café d'huile essentielle de votre choix

Équipement

Un couteau tranchant
Un récipient en verre ou en plastique
Une casserole en émail ou en inox
Un tube en PVC de section rectangulaire (60x65 mm)
Du ruban adhésif

Méthode

- Prélevez 1 kg de base de savon glycériné et réservez. Répartissez le reste en six parts égales et faites-les fondre successivement dans un récipient en verre ou en plastique. Disposez le récipient dans une casserole à moitié remplie d'eau. Faites chauffer l'eau jusqu'à ce que le savon commence à fondre dans le fond du récipient. Couvrez la casserole et réduisez le feu au minimum. Lorsque le savon est complètement fondu, colorez chaque pâte avec un mica de couleur.
- Confectionnez 6 moules en découpant des tronçons de 10 cm dans le tube en PVC. Fermez une des extrémités avec du ruban adhésif.
- Versez chaque pâte dans un moule en PVC différent et laissez reposer à température ambiante jusqu'à durcissement. Ne vous souciez pas des bulles éventuellement formées à la surface.
- Démoulez les savons et coupez chaque carré en diagonale de façon à obtenir quatre triangles. Puis, recoupez encore en deux pour obtenir huit triangles égaux. Vous pouvez les couper de nouveau si vous souhaitez obtenir des triangles de taille inférieure.
- Disposez les triangles sur votre plaque de cuisson en formant un motif pour six savons. Laissez place à votre imagination. Veillez à laisser un petit espace entre chaque triangle et un espace un peu plus important près des contours et entre chaque motif créé.
- Préparez le nappage en faisant fondre le reste de base de savon glycériné. Ajoutez 1/2 cuillerée à café de dioxyde de titane dispersable pour la version blanche ou 1 cuillerée à café de dioxyde de titane et 1/2 cuillerée à café d'oxyde noir pour la version noire. Faites des essais sur la couleur que vous souhaitez obtenir en mélangeant l'oxyde noir et le dioxyde de titane avec 1 cuillerée à café d'eau chaude. Ajoutez 1/2 cuillerée à café d'huile essentielle de votre choix.
- Lorsque la température de la pâte atteint 54 °C, versez-la sur les motifs en triangles en veillant à bien remplir les espaces. Laissez refroidir jusqu'au lendemain.

Démoulez et découpez les six savons. Lissez la surface de manière à les égaliser. Si vous ne vous en servez pas tout de suite, recouvrez-les de film alimentaire.

Gâteau de Noël soyeux au beurre de karité

Ce savon de luxe est doux comme de la soie, et pour cause puisqu'il en contient! J'ai ajouté du mica aux huiles pour colorer le savon et pour obtenir une surface scintillante. L'encens et la myrrhe sont des senteurs traditionnelles de Noël relativement onéreuses. Vous pouvez les remplacer par vos huiles essentielles préférées.

Caractéristiques

Très sophistiqué, soyeux et capiteux.

Ingrédients

450 g d'huile de coco
350 g d'huile de palme
200 g d'huile d'olive
100 g de beurre de karité
2 cuillerées à café de mica cuivre
166 g de soude
412 g d'eau
1 cuillerée à soupe de fibre de soie grège en morceaux
1 cuillerée à café d'huile essentielle d'encens
1 cuillerée à café d'huile essentielle de myrrhe
2 cuillerées à café de cacao en poudre
1 pincée de mica doré

Équipement

Une casserole en émail ou en inox
Des lunettes de protection
Des gants en caoutchouc
Une spatule en plastique
2 thermomètres en verre
Un bac en plastique ou un moule
Une baguette ou une brochette en bois
Une couverture
Un couteau tranchant ou un fil à couper le beurre

Méthode

- Mélangez l'huile de coco, l'huile de palme, l'huile d'olive et le beurre de karité dans une casserole en émail ou en inox et faites fondre à feu doux. Ajoutez le mica cuivre.
- Mettez vos lunettes de protection et enfilez vos gants en caoutchouc. Ajoutez la soude à l'eau et remuez.
- Placez un thermomètre en verre dans le mélange de graisses végétales et l'autre dans la solution caustique. Lorsque la température de chacun des mélanges atteint 49 °C, versez la solution caustique sur le mélange de graisses végétales et remuez à l'aide d'une spatule en plastique. Graissez un bac en plastique carré ou tapissez le fond d'une boîte en carton avec un sac poubelle en guise de moule.
- À l'apparition de la trace légère (reportez-vous à la page 27), ajoutez les huiles essentielles et la fibre de soie. Remuez. Répartissez la pâte de façon égale dans deux récipients. Mélangez le cacao en poudre avec quelques gouttes d'eau chaude. Versez la crème ainsi obtenue dans l'un des récipients et remuez jusqu'à ce que la pâte soit homogène.
- Versez successivement les pâtes de savon dans le moule et brassez à l'aide d'une baguette ou d'une brochette en bois.
- Alors que le savon est encore humide, prélevez une toute petite quantité de mica doré sur l'extrémité d'une cuillerée à café et saupoudrez-le à la surface du savon en soufflant dessus.
- Couvrez à l'aide d'une couverture. Laissez reposer pendant 48 heures ou jusqu'à ce que le savon soit dur.
- Démoulez le savon et coupez-le en savonnettes à l'aide d'un couteau tranchant ou d'un fil à couper le beurre.
- Laissez sécher pendant quatre semaines avant de vous en servir.

Petits fours

Ce chapitre inclut de délicieuses mignardises pour lesquelles la présentation compte autant que les ingrédients. La façon de parfaire, d'emballer et de présenter vos savons reflète votre sens de l'esthétique. Tout dépend de vos goûts personnels. Rien ne vous empêche d'emballer votre savon dans du papier journal joliment replié. L'essentiel est que vos savons soient uniques.

Bouchées au citron vert

Pour créer un délicieux savon exfoliant, garnissez un luffa de votre savon préféré. Pour ce faire, coupez l'extrémité de l'éponge végétale, emballez-la dans du film alimentaire et garnissez le centre de savon. Lorsque le savon est sec, coupez le luffa en tranches circulaires. Une autre méthode consiste à couper l'éponge en deux, retirer le cœur, puis envelopper l'extérieur de film alimentaire. Refermez les extrémités à l'aide de ruban adhésif puis garnissez l'intérieur de savon. Vous obtiendrez ainsi un savon pratique, avec une éponge d'un côté et du savon de l'autre.

Caractéristiques

Un délice rafraîchissant et nettoyant.

Ingrédients

350 g d'huile de coco
300 g d'huile de palme
350 g d'huile végétale
148 g de soude
375g d'eau
1 gros luffa (éponge végétale)
1 cuillère à soupe d'huile essentielle de citron vert
1 cuillère à soupe de pigment vert dilué

Équipement

Une casserole en émail ou en inox
Des lunettes de protection
Des gants en caoutchouc
Une spatule en plastique
2 thermomètres en verre
Du film alimentaire
Une couverture
Un couteau tranchant ou un fil à couper le beurre

Méthode

- Mélangez l'huile de coco, l'huile de palme et l'huile végétale dans une casserole en émail ou en inox et faites fondre à feu doux.
- Mettez vos lunettes de protection et enfilez vos gants en caoutchouc. Ajoutez la soude à l'eau et remuez.
- Placez un thermomètre en verre dans le mélange d'huiles végétales et l'autre dans la solution caustique. Lorsque la température de chacun des mélanges atteint 49 °C, versez la solution caustique sur le mélange d'huiles végétales et remuez à l'aide d'une spatule en plastique.
- Préparez votre luffa en suivant les instructions présentées en introduction de la recette.
- À l'apparition de la trace légère (reportez-vous à la page 27), ajoutez l'huile essentielle de citron vert et le colorant et mélangez soigneusement.
- Remuez jusqu'à saponification complète puis versez la pâte dans chaque moitié de luffa.
- Couvrez à l'aide d'une couverture et laissez reposer pendant 48 heures ou jusqu'à ce que le savon soit presque dur.
- Coupez les moitiés de luffa en tranches. Laissez sécher pendant quatre semaines.

Crème de jasmin

Vous ne parfumerez probablement pas votre savon avec de l'huile essentielle pure de jasmin car elle est très coûteuse. En revanche, il existe de merveilleuses huiles délicatement parfumées qui remplaceront avantageusement cette magnifique fleur. Vous pouvez également vous procurer des fleurs de jasmin séchées mais elles présentent peu d'intérêt.

Caractéristiques

Un savon traditionnellement féminin, romantique et crémeux.

Ingrédients

350 g d'huile de coco
300 g d'huile de palme
350 g d'huile végétale
50 g de beurre de karité
50 g de cire d'abeille blanche
158 g de soude
412 g d'eau
1 cuillerée à soupe d'huile parfumée au jasmin
1/4 de cuillerée à café de pigment jaune de quinoléine dilué

Équipement

Une casserole en émail ou en inox
Des lunettes de protection
Des gants en caoutchouc
Une spatule en plastique
2 thermomètres en verre
Un moule de votre choix
Une baguette ou une brochette en bois
Une couverture
Un couteau tranchant ou un fil à couper le beurre
Un couteau à dents

Méthode

- Mélangez l'huile de coco, l'huile de palme, l'huile végétale, le beurre de karité et la cire d'abeille dans une casserole et faites fondre à feu doux.
- Mettez vos lunettes de protection et enfilez vos gants en caoutchouc. Ajoutez la soude à l'eau et remuez.
- Placez un thermomètre en verre dans le mélange de graisses végétales et l'autre dans la solution caustique. Lorsque la température de chacun des mélanges atteint 49 °C, versez la solution caustique sur le mélange de graisses végétales et remuez à l'aide d'une spatule en plastique.
- Graissez votre moule. À l'apparition de la trace légère (reportez-vous à la page 27), ajoutez l'huile parfumée et répartissez la pâte dans deux récipients. Ajoutez le colorant à l'un des récipients et remuez.
- Versez successivement les pâtes dans le moule et brassez à l'aide d'une baguette ou d'une brochette en bois pour créer un effet marbré.
- Couvrez à l'aide d'une couverture et laissez reposer jusqu'à ce que le savon soit dur.
- Démoulez le savon et coupez-le en savonnettes. Lissez les bords à l'aide d'un couteau à dents. Laissez sécher pendant quatre semaines.

Boules de glace

Une excellente idée de cadeau.

Prenez un savon épaissi à froid de la veille et encore mou, enfilez vos gants en caoutchouc : vous pourrez ainsi facilement former des boulettes de pâte dans le creux de vos mains.

Vous pouvez également faire fondre du savon râpé humecté avec un peu d'eau et former des boulettes de la même façon avec la pâte obtenue.

Une fois les boules de savon réalisées, humidifiez le dessus et roulez-les dans des herbes ou des pétales de fleurs séchés.

Biscuits de savon

Ces ravissants petits savons sont parfaits pour offrir à vos invités.

Vous pouvez vous procurer des emporte-pièce pour canapés de formes très diverses et les utiliser pour couper vos savons en savonnettes spéciales pour vos invités. Parsemez le dessus des savons avec des fleurs, des coquillages, des noix ou des graines et présentez-les dans un joli récipient.

Petits cœurs

Vous pouvez estampiller votre savon avec des objets décoratifs en les enfonçant à la surface avant que celui-ci ne devienne trop dur.

Le petit cœur page ci-contre a été réalisé à partir de chutes de savons prêts à l'emploi. Ils sont parfaits pour ajouter une note de gaîté à vos savons. Vous pouvez également utiliser des morceaux de terre cuite. Il existe différentes sortes d'argiles dans le commerce pouvant être passées au four traditionnel. Vous en trouverez de différentes couleurs mais vous pouvez aussi les colorer avec un colorant naturel. Et pourquoi pas, personnalisez votre savon en gravant des initiales à l'intérieur.

Perles de savon

Si vous êtes invité à dîner, profitez-en pour emmener un échantillon de vos talents de savonnier en apportant des perles de savon délicieusement parfumées. C'est aussi un moyen astucieux d'utiliser des restes de savons.

Coupez votre savon en petits cubes ou en ronds, ou formez des boules. Percez le centre des formes obtenues à l'aide d'une fine aiguille à tricoter. Puis, à l'aide d'une grosse aiguille, enfilez les morceaux de savon sur un fil de nylon ou de raphia naturel. Intercalez des coquillages, des fleurs en soie, ou des fleurs séchées. Vous obtiendrez ainsi un collier unique qui étonnera vos amis.

Fruits frais

Un panier de savons-fruits est un cadeau d'anniversaire amusant.

Les moules en latex conviennent aux deux procédés de fabrication du savon. Ajoutez simplement à votre préparation préférée un parfum et un colorant appropriés puis versez la pâte dans le moule. Laissez reposer jusqu'à ce que le savon soit dur.

Vous pouvez également fabriquer des cupidons dorés dans un moule en latex : faites fondre une base de savon et ajoutez du mica doré à la pâte avant de la verser dans le moule.

À la carte

Il existe de nombreuses façons de transformer un simple bain en véritable moment de volupté sans avoir à dépenser une fortune dans des produits de luxe du commerce. Vous trouverez dans ce chapitre des articles de bain étonnants à fabriquer en attendant la saponification de votre savon. Ces articles seront également de ravissants cadeaux à offrir avec votre savon.

Bain effervescent

Le plus amusant dans cette recette est de trouver un moule adéquat. De petites boules effervescentes peuvent être réalisées à l'aide d'une balle creuse coupée en deux. N'importe quel moule fera l'affaire, mais tenez compte du fait que vous devrez faire sécher les boules obtenues en les passant au four à basse température. Par ailleurs, prenez garde de ne pas utiliser trop de colorant car il peut tacher votre baignoire et vos serviettes.

Caractéristiques

Détonant et très amusant.

Ingrédients

495 g de bicarbonate de soude
495 g d'acide citrique
1 cuillère à café d'huile essentielle de votre choix
3 gouttes de colorant alimentaire liquide
Hamamélis

Équipement

Une spatule en plastique
Un pulvérisateur ou un atomiseur
Une balle creuse coupé en deux
Une lèchefrite

Méthode

- Mélangez le bicarbonate et l'acide citrique puis ajoutez l'huile essentielle et le colorant. Vaporisez avec précaution le mélange avec l'hamamélis. La consistance de la pâte doit ressembler à du sable humide mais attention, en ajoutant trop d'hamamélis, le mélange devient gazeux.
- Prélevez le mélange en prenant une moitié de balle dans chaque main puis refermez solidement la balle. Retirez soigneusement la balle pour libérer la pâte et placez-la dans la lèche frite. (Si la pâte se défait c'est que le mélange n'était pas assez humide !)
- Enfournez le moule, thermostat minimum, en laissant la porte ouverte, pendant dix minutes environ ou jusqu'à ce que la pâte devienne dure comme de la pierre.

Gommage au sel de mer et au romarin

Un véritable délice qui devrait laisser votre peau éclatante et pleine de fraîcheur. Pour un effet optimal, appliquez-le sur votre peau avant votre bain. Conservez ce gommage dans un récipient à large col pour pouvoir en prélever facilement une poignée.

Caractéristiques

Cruellement bon.

Ingrédients

100 g de votre savon préféré râpé
100 g d'huile d'amande douce infusée avec du romarin
200 g de gros sel de mer
1/2 cuillère à café d'huile essentielle de romarin

Équipement

Une râpe à fromage
Un bain-marie
Un récipient à col large doté d'un couvercle à pas de vis

Méthode

- Placez le savon râpé et l'huile d'amande douce dans un bain-marie et faites fondre le mélange à feu doux.
- Mettez le sel et l'huile essentielle dans un récipient à col large. Versez le mélange fondu par-dessus.
- Attendez que la pâte ait complètement refroidi avant de vous en servir.

Lotion à la camomille, au miel et à la vitamine E

Ce savon hydrate les peaux sèches et les empêche de gercer. L'idéal est de le verser dans un distributeur de savon liquide. Vous pouvez aussi utiliser de petites boîtes ou d'anciens récipients de cosmétiques. Appliquez la lotion du bout des doigts.

Caractéristiques

Apaisante et hydratante

Ingrédients

28 g de cire d'abeille jaune
28 g de beurre de karité
28 g de beurre de mangue ou de cacao
28 g d'huile d'amandes douces
1 cuillerée à café de miel
1/2 cuillerée à café d'huile de vitamine E
2 gouttes d'huile essentielle de camomille romaine

Équipement

Un bain-marie
Une spatule en plastique
Un distributeur de savon liquide, de petites boîtes ou des récipients

Méthode

- Mélangez la cire d'abeille, le beurre de karité, le beurre de mangue (ou de cacao) et l'huile d'amandes douces dans un bain-marie et faites fondre à feu doux.
- Ajoutez le miel et l'huile de vitamine E et remuez. Ajoutez l'huile essentielle.
- Versez dans les récipients choisis et laissez durcir au réfrigérateur.

Ci-contre : Lotion à la camomille, au miel et à la vitamine E et Baume à lèvres menthe chocolat.

Baume à lèvres menthe chocolat

Maintenant que votre peau est douce et parfumée, ce serait dommage d'avoir les lèvres sèches ou gercées. Ce délicieux baume à lèvres résoudra tous vos problèmes. Versez votre baume dans un récipient à couvercle, prélevez et lissez vos lèvres avec les doigts.

Caractéristiques

Appétissant et apaisant, vous ne pourrez plus vous en passer.

Ingrédients

2 cuillerées à café de cire d'abeille fondue
2 cuillerées à café de beurre de cacao fondu
2 cuillerées à café d'huile d'amande douce
1 cuillerée à café de beurre de karité
3/4 de cuillerée à café de cacao
4 gouttes de miel
1/2 cuillerée à café d'huile de vitamine E
1 goutte d'huile essentielle de menthe poivrée

Équipement

Un bain-marie
Une spatule en plastique
Des pots ou des récipients

Méthode

- Mélangez la cire d'abeille, le beurre de karité, le beurre de cacao et l'huile d'amandes douces dans un bain-marie et faites fondre à feu doux.
- Ajoutez le cacao et remuez.
- Ajoutez le miel et l'huile de vitamine E. Terminez par l'huile essentielle.
- Versez dans les récipients choisis et laissez durcir au réfrigérateur.

Senteur pour la salle de bains

Pour embaumer votre salle de bains, il existe un éventail de nouvelles huiles essentielles et parfumées.

- En plus du parfum, il vous faudra un sachet de gélatine, un colorant et un récipient (l'idéal est un gobelet ou un petit pot pour bébé !).
- Suivez les instructions détaillées indiquées sur votre sachet de gélatine en remplaçant les denrées alimentaires par une cuillerée à café de votre huile essentielle préférée et quelques gouttes de colorant. Laissez reposer.
- Percez quelques trous dans le couvercle du récipient choisi et disposez-le dans la pièce à désodoriser. Si vous utilisez un gobelet, couvrez-le de film alimentaire et percez de petits trous.

Le pourboire

Caractéristiques

Il donne une bonne raison aux enfants de prendre un bain !

Ingrédients

1 kg de base de savon glycériné transparente
Des pièces de monnaie bien nettoyées
1 cuillerée à café d'huile essentielle ou parfumée

Équipement

Un couteau tranchant
Un récipient en verre ou en plastique
Une casserole en émail ou en inox
Une spatule en plastique
Un moule de votre choix

Méthode

- Coupez grossièrement la base de savon glycériné transparente et placez les morceaux obtenus dans un récipient.
- Placez le récipient dans une casserole à moitié remplie d'eau.
- Faites chauffer l'eau jusqu'à ce que le savon commence à fondre dans le fond du récipient.
- Couvrez la casserole et réduisez le feu au minimum.
- Lorsque le savon est complètement fondu, ajoutez l'huile essentielle ou parfumée et remuez doucement.
- Versez la pâte dans un moule de votre choix et parsemez les pièces.

Divertissement d'après dîner

À ce stade du livre, il devrait vous rester de nombreux résidus de savons délicieusement colorés et parfumés. Ces restes sont trop petits pour être utilisés tel quels mais, avec quelques astuces, vous pourrez les réutiliser et réaliser de superbes mosaïques.

- Si vous avez déjà travaillé des carreaux de mosaïque, vous savez combien il est difficile de les couper. Avec le savon, vous n'aurez aucun mal à découper de petits carreaux. De plus, vous pouvez les coller sur du papier en grattant ou rainurant le dos des carreaux et en les humidifiant.
- Dessinez vos propres motifs ou collez une image ou une photo existante sur un morceau de carton rigide. Choisissez vos morceaux de savon et coupez-les de la même épaisseur. Rainurez et humidifiez le dos de chaque morceau et pressez-les fortement contre l'image.
- Si vous laissez votre mosaïque dans un endroit très sec, les carreaux finiront par se soulever. Il suffit alors de vaporiser de temps en temps une pluie très fine sur l'image pour résoudre le problème. Sinon, suspendez-la dans la salle de bains où l'humidité ambiante devrait lui convenir.
- Vous pouvez également garnir le dessus d'une boîte à bijoux de mosaïques ou travailler sur n'importe quelle surface vous permettant d'utiliser du papier.

Le commerce du savon

Les amateurs désireux de transformer leur passe-temps en activité commerciale me posent souvent de nombreuses questions. Cela n'est pas aussi simple que l'on croit et toute démarche en ce sens doit être conforme aux conditions légales de vente des savons. Il existe en effet de nombreuses règles à respecter.

Pour que les choses soient claires, je présenterai tous les éléments dont il faut tenir compte avant de monter son propre commerce de savons. Ayant moi-même exercé pendant plusieurs années, je peux confirmer que cette activité est très gratifiante même si, malheureusement, comme la plupart des activités artisanales, elle n'est pas synonyme de gros bénéfices.

Malheureusement pour le savonnier amateur, les lois européennes en la matière sont très strictes étant donné qu'elles dépendent des législations sur les produits cosmétiques. Il est donc difficile pour le savonnier amateur de vendre son savon car l'investissement de départ est considérable. Au Canada, il faut se référer au Règlement sur les cosmétiques (voir Sites Internet à la page 79). Aux États-Unis, le savon entre dans la catégorie des « détergents » et bon nombre de ces règles ne s'appliquent pas.

Les règles européennes exposées ci-après s'appliquent aussi bien lorsque vous vendez vos produits dans une petite exposition artisanale qu'à une chaîne gigantesque de vente au détail. Avant de vendre vos produits, assurez-vous que vous respectez l'ensemble des règlementations.

Poids et mesures

Les normes commerciales exigent que le poids exact de votre produit soit clairement indiqué sur l'emballage. Pour cela, il faudra vous procurer une balance à usage commercial. Vous trouverez des adresses de fournisseurs spécialisés dans les pages jaunes. Veillez à ce que votre fournisseur vous propose un produit conforme aux normes commerciales.

Le savon perd de son humidité à moyen terme. Il est donc difficile de préciser le poids exact de votre savonnette. Heureusement, la loi autorise une variation de 4 % sur la quantité indiquée. Il est donc préférable d'indiquer un poids inférieur de 10 % par rapport au poids réel et de porter la mention « poids net moyen » plutôt que d'indiquer une valeur précise sur l'emballage.

Bien que certaines personnes semblent vendre leurs savons en utilisant d'autres unités de mesure, ces pratiques sont tout à fait illégales. Le savon est strictement vendu au poids.

Pigments

Lorsque vous utilisez des pigments de synthèse pour fabriquer votre savon, assurez-vous que ces derniers sont autorisés pour un usage cosmétique. Demandez des garanties écrites à votre fournisseur.

Les herbes et les épices naturelles sont autorisées pour colorer les savons. En revanche, les teintures pour bougies, les pastels gras et autres teintures spéciales pour textiles sont strictement interdits. Les références du colorant que vous avez utilisé pour fabriquer votre savon doivent figurer sur l'étiquette. Renseignez-vous auprès de votre fournisseur.

Étiquetage

Pour que l'ensemble de la population à l'échelle mondiale puisse identifier les ingrédients des savons et autres produits cosmétiques, chaque substance possède un nom INCI (International Nomenclature Cosmétique Ingredient) qui doit obligatoirement figurer sur votre étiquette.

Les huiles essentielles doivent être citées par leur nom latin : indiquez « aqua » pour l'eau et « parfums » pour les huiles parfumées.

Répertoriez les informations relatives à la composition du produit dans un paragraphe intitulé « Ingrédients » par ordre de quantités présentes dans le produit. En résumé, si l'eau est le principal ingrédient de votre savon, commencez votre liste par « aqua ». Il est inutile de mentionner « hydroxyde de sodium » dans la liste des ingrédients puisque, en principe, si vous avez fabriqué votre savon dans les règles de l'art, votre savon n'en contient plus. Si vous avez travaillé à partir de bases de savons prêts à l'emploi, demandez la liste complète des ingrédients à votre fournisseur.

Vous devez également faire figurer un numéro de lot indiquant la date de fabrication du savon. En cas de problème, vous pourrez ainsi facilement vérifier la traçabilité du lot dans vos registres.

Si votre savon a l'air particulièrement comestible, votre étiquette doit porter la mention « Savon, ne pas avaler ».
Il peut arriver que la nature de votre emballage ne vous permette pas de faire figurer la liste des ingrédients sur vos savons. Dans ce cas, le règlement vous autorise à afficher une carte de présentation du produit sur le lieu de vente. L'étiquette doit également indiquer le nom de la personne à contacter. Le nom et le code postal du fabricant suffisent.

Tenue de registres

La loi vous oblige à tenir des registres très précis pour chaque lot de savon fabriqué. Vos produits sont ainsi référencés dans une banque de données de produits industriels. Chaque emballage doit indiquer la recette, la liste complète des ingrédients, les numéros de lot et les dates de fabrication. En principe, ces informations vous sont communiquées par vos fournisseurs. Gardez toute trace de problèmes ayant pu survenir au cours du processus de fabrication.

Personne responsable

Ce point est particulièrement délicat. Chaque lot de savon destiné à la vente doit être agréé par un pharmacien ou un toxicologue. Alors qu'aucune loi n'exige que vous fassiez tester votre savon, la « personne responsable » que vous aurez choisie vous demandera des informations précises concernant l'inscription de vos produits au registre officiel des produits industriels. Cet élément constitue la preuve que vos savons peuvent être commercialisés sans danger. Assurez-vous que la personne choisie est assurée contre ce type de risque.

Assurance

La loi ne vous oblige pas à souscrire une police d'assurance spéciale mais c'est recommandé. Il suffit qu'une personne se retourne contre vous pour cause d'éruption cutanée et, à tord ou à raison, vous devrez consacrer une grosse somme d'argent aux frais de justice. N'importe quel courtier d'assurance vous fera souscrire une assurance professionnelle.

Questions d'environnement

La législation relative aux lieux de fabrication est en cours de révision. Si la nouvelle loi est adoptée, vous devrez acheter une licence pour votre atelier de fabrication, ce qui vous coûtera plusieurs dizaines de milliers de francs par an. Renseignez-vous auprès du Ministère de l'Environnement pour en savoir plus sur la loi en vigueur.

Lieu de fabrication

Avant de vendre votre savon, écrivez à la Chambre de Commerce et d'Industrie de votre département afin de leur communiquer votre adresse et signaler que la fabrication du savon s'effectue à votre domicile.

Fournisseurs et ressources Internet

Huiles essentielles

Huiles Essentielles Branchex Ltd.
118, Route 8
Saint-Odillon, Beauce (Québec)
G0S 3A0
Tél. : (418) 464-4140
Téléc. : (418) 464-4399
beauce@belin.qc.ca

Les Huiles essentielles Flordycie inc.
CP 2302
Rouyn-Noranda (Québec)
J9X 5A9
Tél. : (819) 797-4764
Téléc. : (819) 797-1409

Centre de Recherche et
de Développement en Horticulture
Agriculture et Agroalimentaire Canada
430, boulevard Gouin
Saint-Jean-sur-Richelieu (Québec)
J3B 3E6
Tél. : (450)346-4494 poste 223
Téléc. : (450) 346-7740
belangera@em.agr.ca

Mikael Zayat
CP 75
Bromont (Québec)
J2L 1A9
Tél. : (450) 534-1671
Téléc. : (450) 534-5294
mikaelzayat@sympatico.ca

Savonneries

Druide
154, Oneida Drive
Pointe-Claire (Québec)
H9R 1A8
Tél. : (514) 426-7227
Sans frais : 1 800 663-2693
Téléc. : (514) 426-7233
http://www.druide.ca

Fruit d'or
969, rang de l'Église
Saint-Eugène (Québec)
J0C 1J0
Tél. : (819) 396-3612
Téléc. : (819) 396-3613
info@fruit-dor.ca
http://www.fruit-dor.ca

Kariderm
370, rue Sauvé Ouest
Montréal (Québec)
H3L 1Z8
Tél. : (514) 868-1935
Sans frais : 1 877 527-4838
Téléc. : (514) 868-8969
info@kariderm.com
http://www.kariderm.com

Savon Adria
1151, chemin Royal
Saint-Pierre-d'Orléans (Québec)
G0A 4E0
Tél. : (418) 828-2644

Les savons artisanaux Gaëtan Gladu
savons.artisanaux@videotron.ca
http://pages.infinit.net/savons

Canadian Country Gifts
CP 5421
High River (Alberta)
T1V 1M5
Tél. : 1 866 652-7624
Tél. : (403) 652-7318
Info@cndcountrygifts.com
www.cndcountrygifts.com/

Sites Internet

Bodyshop
http://www.bodyshop.com

Calculateur en ligne pour la soude caustique
http://www.xmission.com:80/nmtnsage/

Herbularius
Savons et fournitures
http://herbularius.com
herbularius@oricom.ca

Liste d'huiles parfumées, commande en ligne
http://www.sweetcakes.com

Règlement sur les cosmétiques
(F-27 — C.R.C., ch. 869)
http://lois.justice.gc.ca/fr/F-27/C.R.C.-ch.869/texte.html

Site de Lori Schenkelberg,
colorants cosmétiques en ligne
http://members.aol.com/pigmnlady/index.htm

Fournitures diverses

Les produits Aliksir
1040, route 138
Grondines (Québec)
G0A 1W0
Tél. : (418) 268-3406
Téléc. : (418) 268-3406
aliksir@globetrotter.qc.ca
http://aliksir.com

Aliments de santé Laurier
Place Laurier
2700, boul. Laurier
Sainte-Foy (Québec)
G1V 2L8
Tél. : (418) 651-3262

Bazzar Ésotéric l'œil d'Horus
270, rue Sainte-Catherine Ouest
Montréal (Québec)
H2X 1A2
Tél. : (514) 866-5036
http://eyeofhorus.net

Papiers d'emballage

Les papiers BeLuZage
luciedionne@moncourrier.com
http://members.trip.com/~beluzage

Les papiers Alexandrie
37, rue Principale Est
Berthier-sur-Mer (Québec)
G0R 1E0
Tél. : (418)259-7361
Téléc. : (418) 259-7460

Louiselle LaBrie
119, boulevard Perron Ouest,
Maria (Québec)
G0C 1Y0
Tél. : (418) 759-5546
Téléc. : (418) 759-3817

Index